KB005432

정효찬의

뻔뻔한
생각책

질문을 하면
인생이 바뀐다

나는 '유쾌한 이노베이션'이라는 교양과목을 강의하는 '엽기 강사'
다. 엽기 강사라는 말이 다소 교양 없어 보이지만 정말로 그런 호칭을
받은 적이 있다.

2002년 '미술의 이해'라는 교양수업을 진행하면서 '미술은 그림이
나 조각, 혹은 그런 것을 만드는 행위'라고만 생각하고 있는 학생들
에게 '우리의 모든 일상이 미술이며 삶이 예술'이라는 이야기를 했고,
마지막 단계인 기말시험에서 학생들과 낯선 형식의 객관식 문제들로
소통을 시도했다. 가령 '라면 끓일 때 필요한 물의 양이 얼마인지', '고
스톱의 계산법은 어떻게 되는지' 등을 물어보았다.

수업의 과정을 모르는 사람들이 시험문제만 보면 충분히 이상한 교수라고 오해할 법했다. 빛의 속도로 발전하고 있던 당시의 인터넷 환경은 나와 우리의 시험지를 가상공간에 뿌려대기 시작했고, 나는 단 사흘 만에 '엽기강사'로 낙인 찍혀 대학의 울타리 밖으로 던져졌다.

그로기 상태로 KO당하기 일보 직전, 한양대학교의 용감한 수업계장님이 창의력 수업 개설을 제안하셨다.

"시키는 것만 하고 살아가는 학생들이 참 많아요. 시키는 대로 해서 대학에 왔고, 시키는 대로 해서 취업할 것이고, 시키는 대로 일해서 월급 받고, 시키는 대로 퇴직하고……. 그런데 그렇게 살다가 시키는 사람이 없어지면 그 이후의 삶은 어떻게 될까요? 이제 스스로 생각하고 판단하고 행동해야 하지 않을까요? 그런 수동적인 학생들에게 스스로 생각하고 행동할 수 있는 능력인 창의력을 이야기해주는 수업이 필요합니다."

감동적인 이야기였지만 그래도 물음표는 사라지지 않았다.

"그런데 굳이 왜 저에게? 저는 이미 교육계의 쓰레기가 된 사람입니다."

"사건을 신문에서 접했고, 선생님의 수업 구성과 시험문제들을 보고 우리가 구상하고 있는 창의력 수업에 적합한 분이라고 생각했습니다."

참으로 고맙고 간곡한 말이었다. "저는 그다지 창의적인 사람이 못 됩니다!"라고 말했지만 그분은 나를 겸손하다고까지 생각하셨다.

나의 창의력 강의는 그렇게 시작되었다. 나에게 있지만 미처 몰랐던 능력의 사용처를 알려준 사람들에 의해서 말이다.

'유쾌한 이노베이션'은 증원도 받아주지 않는 까칠한 수업이며 랜덤으로 팀이 꾸려진다. 그런데다가 패러디 사진도 찍어야 하고 음식도 준비해야 하며 심지어 발표의 주제도 형식도 전혀 제약이 없어서 생각 없이 앉아 있다가는 소위 '멘붕'에 빠지기 십상이다. 시키는 대로만 해왔던 것에 익숙했던 학생들에겐 수업은 유쾌하지만 성적은 불쾌한 악동 같기도 하다. 그래도 벌써 몇 년째 학생들은 수강신청 기간이 되면 전날 밤부터 PC방에 모여 수강신청을 하기 위해 밤을 새우기도 한다.

이 책은 그동안 만난 학생들과 나의 대화이며 끊임없는 질문이자 반성의 결과물이다. 나는 미술을 전공했지만 미술관에 간 적이 없었고, 그와 마찬가지로 말로는 고정관념을 깨라면서도 행동하지 않았다. 세상이 변했다고 떠들어댔지만 정작 변해버린 건 나라는 것을 인지하지 못했다. 행복하게 살자고 했지만 내가 무엇을 해야 행복한지도 알지 못했다. 소통하라고 소리쳐놓고 나는 귀를 막았고, 실체 없는 관념만으로 세상을 살아왔다. 그런 나였기에 이 수업을 하는 동안 지금까지의 내 삶을 의심하고 과감히 버려야만 했다. 그리고 나에게 처음으로 진지하게 질문을 던졌다. 물론 유쾌함을 버릴 순 없었지만……

여전히 명확한 답을 찾지는 못했지만, 질문을 시작하고 고집스럽게 붙잡고 있던 것들을 던지기 시작하자 조금씩이나마 보이기 시작했다. 세상이라는 거대한 우주가 얼마나 훌륭한 스승인지 말이다.

글을 못 읽는 사람을 문맹이라고 하지만 자신을 읽어내지 못하는 사람이야말로 진정한 문맹이다. 나를 읽어내지 못하면 이 위대한 세상의 가르침을 내게 적용시킬 방법이 없기 때문이다. 남들이 말하는 성공을 원한다면 나를 읽어내는 노력을 할 필요가 없다. 그저 남들이 부러워할 만한 것들로 나를 채워가기만 하면 된다. 하지만 무한의 공간과 시간 속에 내가 왜 존재해야 하며, 어째서 존재하고 있는지를 알기 위해 노력한다면 분명 우리는 순고한 순간들로 삶을 채워 나갈 수 있을 것이다.

상식과 고정관념, 맹목적인 습관이 되어 굳어버린 그 견고한 껍질을 조금만 벗겨내도, 아니 그냥 그런 껍질이 내게 있다는 것을 알고 인정하기만 해도 우리는 깨달을 수 있다. 나는 굉장한 사람이었으며 세상과 우주의 중요한 퍼즐을 내가 가지고 있었다는 것을…….

질문해야 한다. 내게 주어진 모든 상황에 대해서 말이다. 그리고 왜 여기 서 있으며 이 길을 가고 있는지를 치열하게 물어야 한다. 한계를 드러내는 것이 두려워 질문하지 않는다면 우린 결국 두려움에 묻혀버리고 말 것이다. 질문이 우리의 생각을 바꾸고 우리의 삶을 바꾸고 우리의 모든 것을 바꿀 것이다. 생각하고 묻는 자만이 유쾌한 변화를 이루어낼 수 있다.

차례

제1강

자기증명
이후에 창조다

: 나를 넘어서기 위해
꼭 알고 싶은 나

내 속을 네가 알아?

잃어버린 '나'를 냉동실에서 발견하다

냉동실

빼곡하고 깜깜하다.

두려워서 끌어 모은 스펙이고

한 번도 적용 못 해본 지식이며

화석처럼 굳어가는 상식이다.

이것들은 신화가 되지 못하고 혼돈이 되어버렸다.

검은 비닐, 랩과 호일에 싸여 미라가 되어간다.

새로운 것들이 찾아오지만

이미 안쪽 깊숙한 곳에

가지고 있는 것들이다.

그저 단절되어 있었을 뿐…….

검정 비닐을 벗겨내고

단절된 소통을 연결하자.

그 시절을 추억하고

그 열정을 회복하자.

이제 남은 것은

녹았다 다시 언 쌍쌍바처럼

뒤엉켜서 하나가 되는 일.

　냉동실 정리를 위해 투명 밀폐용기를 샀다는 아내에게 '이런 게 왜 필요하냐'고 물었다. 투명한 용기에 넣어두지 않으면 뭐가 어디에 있는지 알 수가 없다는 대답이 돌아왔다. 캬~ 재미있는 일이 생겼다. 한 번도 냉동실 속을 의심해본 적이 없었는데 상상도 못했던 냉동실의 실체를 들여다보게 된 것이다.

　그 속은 가히 충격적이었다. 냉동실의 탐욕은 해도 해도 너무했다. 냉동실에 들어앉아 있는 것은 대부분 음식이었다(가끔 비상금이 발견되기도 하지만). 아이스크림을 제외하면 대부분 당장 먹을 것이 아니다.

문을 열어도 냉동실은 늘 어두침침했다. 음식을 싸놓은 호일과 검은 비닐봉투가 켜켜이 쌓여 있었기 때문이다.

슈퍼마켓에서 사온 아이스크림이라도 넣어두려면 구석구석 빈틈을 찾아 꾸역꾸역 억지로 집어넣거나 살짝 얹어놓고 떨어지기 전에 잽싸게 문을 닫아야 했던 우리 집 냉동실, 늘 그랬기에 늘 그럴 줄 알고 늘 그렇게 살았는데……. 이제 음식물들은 투명한 그릇들로 인해 만천하에 민낯을 드러내놓고 살아야 한다. 베일이 벗겨지는 것이다. 《우리들의 일그러진 영웅》의 엄석대도 이렇게 떨렸을까?

냉동실 정리는 추억의 앨범을 펼치는 것과 같았다. 지난 추석의 송편, 유통기한 하루 전에 아슬아슬하게 넣어둔 식빵, 기역자(ㄱ)로 접혀버린 돈가스, '원 플러스 원'이라서 서둘러 샀는데 그 안쪽에 이미 있던 감자만두가 합이 세 봉지, 목살, 갈빗살, 초콜릿, 레고 블록(?) 등등…… 셀 수도 없을 만큼 많은 것이 냉동실을 꽉꽉 채우고 있었다. 유통기한을 기준으로 6개월이 넘은 것을 정리하고(그러고 나니 검은 봉지가 몇 개 남질 않는다) 남은 것을 투명한 용기에 담아 넣어두니 비로소 냉동실 뒤편의 밝은 빛을 만날 수 있었다.

구석에 끼여 있다가 살아난 쌍쌍바를 꺼내들었다. 앞뒤 좌우로 꽉 막혀서 소통이 되지 않았던 냉동실 안에서 녹았다 얼었다를 반복했던 쌍쌍바는 놀랍게도 뒤엉켜서 한 덩어리가 되어 있었다.

뭐가 이렇게 꽉 차 있...

얼마나 많은 지식과
스펙이 검은 비닐과
호일에 싸여
지식의 냉동고에
갇혀 있을까?!

모든 것이 명명백백 확실해진 냉동실을 바라보며 나의, 우리의 뇌가 떠올랐다. 수없이 많이 들었던 강의와 여기저기 기웃거려 쌓은 갖가지 체험, 불안한 마음에 다녔던 학원과 어디 필요한지도 모르고 했던 공부……. 얼마나 많은 지식과 스펙이 검은 비닐과 호일에 싸여 지식의 냉동고에 갇혀 있을까?! 고착되고 정형화되어 서로 소통할 수 없기에 결코 융합되고 복합될 수 없는 우리의 냉동실.

냉동실의 검은 비닐봉지를 하나하나 펼쳐보듯 나를 알아가고 싶다. 쓸데없이 쥐고 있던 것을 털어버리고 유용한 것을 녹여 손질해서 누군가에게 대접할 요리를 만들고 싶다. 우리 지식의 냉동실에서도 같은 일이 일어나길 희망한다.

창의력, 소통, 융합, 복합 등등…… 행복을 꿈꾸며 그리워하는 단어들은 파랑새와 같다. 아득하고 아련한 듯 느껴지지만 사실 우리 곁에, 그것도 아주 가까이에 이미 존재하고 있다. 내 안에 이미 있는 것들이다. 그걸 가리고 있는 검은 비닐봉지를 치우기만 하면 된다.

May I
Ask?

질문으로
찾을 수 있는 것들

내 질문에
답을 하고 가라

난생처음 학생들 앞에서 강의하는 사람으로의 삶을 시작해야 했을 때, 새로운 일을 시작하는 누구나가 그렇듯 '두려움'이라는 감정이 제일 먼저 찾아왔다.

실수하면 어떡하지? 목소리가 떨려서 긴장한 모습을 들키면 어떡하지? 온갖 상황이 떠올라 나를 주눅 들게 했지만 그중에서도 가장 두려웠던 것은 학생들의 질문이었다.

'학생들이 내가 모르는 걸 물어보면 어떡하지?'

만약 겨우겨우 수업을 마치고 식은땀을 닦으면서 이제 교실만 나가면 자유라고 생각하며 안도하고 있는데, 갑자기 두꺼운 뿔테안경을 쓴 학구파 학생이 손을 번쩍 치켜들고 "저, 선생님! 포스트모더니즘에서 해체주의적 경향이 있는 작가들의 철학적 배경은 어디서 오는 겁니

까?"라고 질문한다면 나는 과연 적절하고 명확한 답을 해줄 수 있을까?
안 그래도 긴장해서 다리가 후들후들 떨리는데 무슨 말인지 알아들을
수도 없는 질문을 학생들이 던진다면⋯⋯? 생각만 해도 아찔하다.

이런 상황까지 사전에 대비해야겠지만 그 정도로 연륜 있고 박학다
식한 인생은 아닌지라 기껏해야 학생에게 되묻는 방법 정도만 떠오를
뿐이었다.

"와우! 좋은 질문입니다. 여러분도 궁금하시죠? 다음 이 시간까지
이 문제에 관해서 모두 리포트 써서 제출하세요! 앞으로 질문이 나오
면 그때마다 리포트 나가는 걸로 알고 계시면 됩니다."

심장의 떨림을 어떻게 해야 멈출 수 있을지, 학생들의 질문에는 어떻게 대처해야 하는지, 이 문제를 해결하기 위해 오랫동안 강의를 해온 베테랑 강사 선배를 찾아가 자문을 구했다. 그리고 그 선배와의 만남은 내게 아주 중요한 순간이 되었다.

선배는 확신에 찬 목소리로 내게 말씀하셨다.

"두려워 말라!"

선배의 모습은 나의 두려움을 먼저 경험하고 슬기롭게 헤쳐 나갔기에 모든 것을 알고 있는 선구자의 모습, 바로 그것이었다.

"목소리 떨림 같은 건 경험 부족 때문이라 시간이 지나야 완치되는데, 좀 더 일찍 벗어버리고 싶다면 수업시간에 앞에 앉은 학생들과 친해지는 게 도움이 될 거다."

그도 그럴 것이, 낯익고 익숙한 학생이 생기면 마음의 안정을 찾을 수 있을 것 같았다. 그렇다면 첫 번째 문제는 시간이 해결해줄 문제라고 믿고, 가장 두려운 문제인 학생들의 질문에 관해 조언을 구했다.

대답하는 선배의 목소리는 담담하기 그지없었다.

"이것 역시 걱정할 필요가 없는 문제다! 왜냐하면……"

그러고는 내 마음을 울리는 한마디를 던졌다.

"학생들은 결코 질문하지 않는다!"

이보다 더한 복음이 있을까!?

학생들이 질문을 하지 않는다니! 믿기지 않아 다시 물었다.

"그게 무슨 말씀이시죠?"

"수업 들어가 보면 알게 될 것이다!"

강의를 시작하면서 반신반의했던 선배의 말은 점점 진리로 확인되었다.

정말 학생들은 질문을 하지 않았다. 강의하는 입장에선 이보다 편할 수가 없다. 준비한 이야기만 하고 나오면 되기 때문이다. 가끔 손을 들고 질문하는 학생이 있어서 깜짝 놀라지만, 대부분은 출석 점수는 몇 점인지, 중간고사의 비중은 어느 정도인지, 기말시험 범위는 어디까지인지, 발표 점수의 기준은 무엇인지…… 등등을 물었다.

물론 중요한 질문이다. 좋은 성적을 받는 방법을 아는 것도 중요하니까. 이왕 듣는 수업, 열심히 해서 좋은 학점 받아 성적 관리 잘하면 알찬 학창생활에 도움이 될 것이다. 하지만 문제는 그 이상의 질문은 나오지 않는다는 데 있다. 질문 없는 수업은 늘 제자리다.

질문이 없는 시대다. 아니, 질문할 필요가 없는 시대이다. 손바닥 안의 컴퓨터인 스마트폰은 배터리가 허락하는 범위 안에서 무한대의 정보를 제공한다. 굳이 사람들에게 눈총 받으면서 손을 번쩍 들고 '누군가는 알고 있을 정보를 나만 모르고 있었네' 하고 까발릴 필요가 없다. 하지만 손바닥 안의 컴퓨터는 내가 모르는 것을 알려줄 순 있지만 내가 무엇을 모르는지는 알려주지 않는다.

물어봐야 오해하지 않는다

'내가 무얼 모르고 있는가?' 이것이 질문의 시작이다.

누군가와 대화하다 보면 가끔 서로 뭔가 다른 이야기를 하고 있다는 느낌이 들 때가 있다. 온전히 소통하지 못했을 때 일어나는 현상이다.

강의를 듣거나 수업할 때도 이와 비슷한 일이 일어난다. 이야기를 전하는 사람이 하고자 하는 말과, 이야기를 듣는 사람이 실제로 받아들이는 것이 다를 수 있다. 우리 모두는 언어에 의지하며 살아가지만 한편으로는 언어만큼 불완전하고 불안정한 것이 있을까 싶기도 하다.

발음, 억양, 뉘앙스에 따라 원래의 것과 완전히 다른 것으로 여겨질 수 있다. 이런 오해를 바로잡을 수 있는 유일한 수단이 바로 '질문'이다. TV 뉴스에 나오는 아나운서들의 이야기도 듣기에 따라 사람마다 다르게 인식될 수 있지 않은가! 그래서 꼭 생긴다. 달을 바라보라는데 손가락을 보라는 말로 알아듣는 학생들이.

그럴 때는 질문해야만 한다. "왜 손가락을 보라고 하는지요?"라고. 그래야만 소통의 오류를 바로잡아나갈 수 있기 때문이다.

학생들은 마음속 이야기를 쉽게 꺼내지 못한다. 늘 정답만을 이야기해야 한다고 생각한다.

그나저나 학생들은 왜 질문하지 않는 것일까? 모든 것이 명확하게 전달되어서일까? 아니면 오해를 즐기고 있나? 진실을 두려워하고 있나? 질문하지 않는 학생들에게 거꾸로 질문을 던져보면 어렴풋하게나마 이유를 짐작할 수 있다.

학생들은 마음속 이야기를 쉽게 꺼내지 못한다. 늘 정답만을 이야기해야 한다고 생각한다.

"창의력이란 무엇일까요?"

다양한 의견이 듣고 싶어서 던진 질문에 돌아오는 답변은 '새로운 것', '남들이 하지 않은 것', '나를 바꿀 수 있는 것' 같은 사전적 정의뿐이다. 틀린 것은 아니지만 좀 더 개인적인 견해를 이야기하면 좋겠다. 사전적 정의가 우리 삶 속에서 늘 들어맞는 것은 아니니까.

'나'는 대체 어디에 있는가

왜 이렇게 정답만 이야기하려는 걸까? 우선 그 범인으로 주입식 교육을 의심해볼 수 있다. 많은 양의 정보를 수집하고 저장하기에 주입식 교육만큼 효율적이고 편리한 방법은 없다. 하지만 무작정 정보 수집을 위해 달릴 것이 아니라, 한 번쯤은 '무엇을 위해 정보를 수집하는가?'라는 질문을 반드시 해보아야 한다.

정보 그 자체만으로는 별 쓸모가 없다. 다른 정보와 만나서 섞이고 응용되어야만 비로소 쓰임새가 발생한다. 예를 들어 '오늘 비가 올 확률이 70퍼센트'라는 날씨 정보는 내가 가지고 있는 또 다른 정보, 즉 우산이나 장화가 있는 장소에 대한 정보와 연결되어야만 그 가치가 발현된다.

국어, 영어, 수학, 역사, 과학, 예술 등의 과목을 통해 주입된 수많은 정보는 서로 교류하고 융·복합되어 응용되기 위한 기본 재료인 것이다. 그렇기 때문에 주입된 정보의 양이 많을수록 응용 범위가 넓어지고 다양해진다. 삶을 살아가는 다양한 무기를 장착하는 셈이다.

그러나 문제는 이러한 정보가 서로 교류하지 못하고 있다는 것이다. 그리고 그 정보의 양과 정확성만으로 평가하기 때문에 결국, 학생들로 하여금 암기한 정답만을 토해내도록 하고 있다. 장착한 다양한 무기의 특징만 알고 있는 셈이다. 적절한 곳에 사용하지 못하고.

어쩌면 왜곡된 예술교육 때문인지도 모른다. 질문한다는 것은 자신을 표현한다는 것이고 예술의 본질은 자기표현이기 때문이다. 예술에는 나의 생각, 나의 마음, 나의 생활환경, 심지어 나의 건강 상태까지도 무의식적으로 복합되어 자신만의 고유한 표현방식으로 드러난다.

어린 시절 우리의 예술교육이 어땠는지 돌아보자. 우리의 예술교육은 잘 그린 그림과 못 그린 그림을 명확히 구별하는 방식으로 이루어졌다. 어떤 친구의 그림이 칭찬받으며 교실 뒤 벽에 붙을 때, 내 그림은 뭘 그린 건지 모르겠다는 핀잔과 함께 스케치북 속으로 숨어버리고 만다. 그러면 그림을 다시는 그리지 않겠다는 다짐이 뒤따른다. 아이의 의기소침한 모습을 보다 못한 부모들은 소문 짜한 미술학원을 찾거나 개인교습을 통해 아이의 잃어버린 자존심(사실은 부모의 자존심)을 세우기 위해 누가 봐도 잘 그렸다고 말할 수 있는 그림(누가 봐도 누가 그린건지 모를 개성 없는 그림)을 그릴 수 있게 만들어준다. 이때가 바로 우리 자신을 표현하는 방법을 잃어버리는 순간이다.

초등학교 4학년 때 이민을 갔던 친구가 흥미로운 이야기를 해주었다. 난생 처음하는 외국생활은 신기하기도 했지만 스트레스도 엄청났다고 한다. 특히 말을 잘 알아들을 수 없던 초창기 학교생활은 엉망진창 그 자체였다고. 준비물을 못 가져가고 숙제를 못 해가고……. 그나마 유일하게 스트레스를 덜 받은 과목이 누구와 이야기하며 의논할 필요 없이 혼자 앉아서 이것저것 그리기만 하면 되는 미술이었다. 그러던 어느 날 미술시간에 뭔가 주제가 주어졌다. 정확히 그 주제가 뭔지 알아들을 수는 없었지만 그 친구는 자신이 있었다. 한국에 있을 때도 주제와는 상관없이 학원에서 배운 그림을 정성껏 그려 내면 늘 상장이 따라왔으니까.

그는 회심의 미소를 지으며 보란 듯이 그림을 그려 제출했다. 커다란 나무와 그 주위를 장식한 꽃과 화려한 나비……. 하지만 선생님은 그의 그림을 받아주지 않았다. '이게 아닌가?' 하는 생각을 하며 다시 그림을 그렸다. 이번에는 가족을 그렸다. 안경을 쓴 큰 얼굴의 자신을 중심으로 가족들이 손을 잡고 웃으며 춤추고 있는 모습. 그러나 이것 역시 선생님의 마음에 들지 않았는지 거부당하고 말았다. 그는 어쩔 수 없이 비장의 무기를 꺼내들었다. 어지간한 위기 상황이 아니면 꺼내지 않으려 했던 히든카드로 상상화를 그렸다. 강아지와 함께 자연스러운 그라데이션으로 표현된 커다란 우주선에 타고 토성을 지나 안드로메다의 외계인들과 조우하는 감동적인 장면을 그렸지만 이 역시 선생님의 선택을 받지 못했다.

그러자 참아왔던 힘들고 외로운 나날이 폭발해버렸다. 미술실에 굴러다니는 송판 하나를 주워서 핸드 드릴로 마구 구멍을 뚫기 시작했다. 눈물과 콧물이 범벅이 된 얼굴로⋯⋯. 쌓이고 쌓였던 4학년 소년의 울분이었다. 한바탕 난리를 치르고 힘이 빠져 축 쳐져 있는 그에게 다가온 선생님은 어깨를 다독거리며 구멍이 나서 너덜너덜해진 송판을 가져갔고, 그 송판은 작품으로 접수되었다고 한다. 나중에 알게 된 사실, 그날 수업의 주제는 '내 마음'이었다고 한다.

모든 것이 평가를 통한 점수로 환산되는 우리의 예술교육은 구멍 난 송판에 얼마나 점수를 줄까? 혹 좋은 점수를 준다면 또 얼마나 많은 학부모들이 드릴학원을 찾게 될까? 우리는 과연 우리 스스로를 표현하는 방법을 배운 적이 있기는 한 것일까?

사실 그런 걸 굳이 배울 필요는 없다. 그것들은 원래 우리 안에 있는 것, 우리가 본래 가지고 있던 것이기 때문이다. 먹으라고 준 요구

르트를 마사지한다고 머리에 바르고, 쏟아지는 장대비 속을 신나게 뛰어다니고, 낙엽더미 위에 몸을 날리던 어린 시절, 우리는 분명 타인의 시선을 의식하지 않고 자유롭게 '나'를 표현하며 살았었다. 하지만 하나둘씩 금지당하기 시작했다. 물론 타인과 더불어 살기 위해서는 어쩔 수 없는 선택이었을 것이다.

하지만 꼭 그랬어야만 했을까? 때와 장소를 구별하는 방법을 익혔어야 했던 건 아니었을까? 복잡해진 공간, 예민해진 사람들 틈에서 때와 장소를 구별하기란 쉽지 않다. 그래서 그냥 모든 것을 금지한 것은 아니었을까. 그것이 편하니까.

손을 들고 질문한다는 건 자신의 현재 수준을 드러낸다는 것과 똑같은 말이다. 어찌 보면 아찔한 순간이다. 한 번도 남에게 보여주지 않던 나의 알맹이가 드러나기 때문이다. 어색하고 부끄럽다. 주변의 평가도 두렵다.

하지만 부끄러워하지 말자! 질문은 평가의 대상이 아니다. 이해가 안 되고 납득이 안 가는 것은 질문해야 한다. 그래야 오해와 편견에서 자유로워질 수 있고 진리에 가까이 접근할 수 있다. 정말 내가 왜 손가락을 보고 있어야 하는지 궁금하지 않단 말인가?

가식 없이
살 수 있을까?

'거짓'도 나의
일부분일 수 있다

거짓 없는 삶, 그것은 모든 것이 투명하여 공명정대하고 분노나 슬픔이 없는 삶일 것 같지만 한편으로는 몹시 피곤할 것도 같다. 우리는 나태함을 감추고 은밀한 비밀을 간직하고 휴식을 갖기 위해 거짓을 필요로 한다. 우리는 이러한 종류의 거짓을 가식이라고 말한다. 그리고 그 가식을 비웃고 폄하한다.

그런데 과연 가식이 이렇게 욕을 먹어야만 하는 대상일까?

가식 없는 삶이 최선인가

불편한 진실을 감추는 건 소개팅의 기본자세다(절대 개기름으로 번

들거리는 얼굴과 떡진 머리카락을 드러내선 안 된다! 언제까지? 결혼 전까지!). 그리고 유전자 깊은 곳에 우아한 귀족적 취향이 내재되어 있는 듯 행동한다. 꼭 마음에 드는 이성이 아닐지라도 우리는 친절과 적절한 립 서비스를 제공한다. 내게도 최소한 사회적 평판이라는 것이 있기 때문이다.

〈어느 소개팅 자리〉

남자_ 쌍꺼풀 수술한 거 맞죠? 양악은 아직 안 한 것 같고…….

여자_ 어머, 쌍꺼풀뿐 아니라 앞트임, 뒷트임에 양악수술도 한 거랍니다. 참! 코도 세운 건데…….

남자_ 완전 인조인간이네요! 그렇게 하고도 이 정도라면 원판은 가관이었겠군요! 하하하.

여자_ 그나저나 연봉은 어떻게 되시나요? 남자라면 적어도 여친한테 명품 가방 선물할 능력 정도는 있어야죠.

남자_ 연봉은 무슨. 아직 1차 서류전형도 통과해본 적이 없는데요. 오늘 소개팅도 엄마한테 책 산다고 돈 받아 나온 거예요.

여자_ 어머! 저랑 비슷하네요. 저도 삥땅의 고수예요. 찌질한 건 피차 비슷하네요.

남자_ 오늘 저에 대해서는 어떤 얘기를 듣고 오셨나요?

여자_ 죄송해요. 한 귀로 흘려들어서 기억이 안 나요. 밥이랑 술이나 뜯어먹고 대충 하루 놀러 나온 거라서…….

남자_ 아! 그럼 말로만 듣던 된장녀?

여자_ 맞아요! 제가 바로 된장이죠. 호호호.

남자_ 이거 오늘 완전 최악의 날인데요.

여자_ 내 말이! 더 있다가는 토할 것 같으니 이만 헤어질까요?

남자_ 그게 좋겠네요. 들어가는 길에 주선자 만나서 좀 패줘야겠어요.

여자_ 그래요, 만나면 제가 몸서리치며 저주하더라고 전해주세요. 그럼 이만.

남자_ 네, 다시는 만나기 않기를……. 참 계산은 각자! 알죠?!

여자_ 오 마이 갓! 진정 레알 찌질〜.

이렇다면 모든 것이 쿨하게 마무리될 것이다. 한 점 오해나 설렘도 없이…….

과연 우리는 이 솔직한 대화를 견뎌낼 수 있을까? 어지간히 독하지 않으면 견디기 힘들 것이다.

가식은 너무 많아도,
아주 없어도 사람과 사람
사이를 멀어지게 한다

카카오 99퍼센트로 만들었다는 초콜릿을 처음 입에 넣고는 화들짝 놀라버렸다. 단맛 은커녕 '배탈 났을 때 먹었던 정로환인가?' 싶었기 때문이다. 그다음으로 들었던 생각이 '가식이 없네!'였다.

사람이건 물건이건 진정한 가치는 곁에서 오랫동안 함께해야 알 수

있다. 그러나 가식 없이 너무 진솔하게만 살아가는 사람들 곁에 있는 것은 어렵고 불편하기 때문에(사실은 두려워한다) 그들의 진면목을 알아보지 못하는 경우가 많다. 99퍼센트 카카오를 자랑하는 초콜릿은 가식 없는 건강한 맛이지만 이미 단맛에 길들여진 우리에게 설탕 없는 민낯의 카카오는 너무나 쓰다. 진솔함을 아무 불편함 없이 받아들이기에 우린 이미 가식에 길들여진 것 아닐까?

너무 가식에 익숙해져서 버리기 힘들다면 적정선을 찾아야 한다.

가식은 인간과 인간 사이에서 윤활유 역할을 한다. 특히 첫 만남에서는 더욱더 강력한 역할을 한다. 물론 과할 때는 분명 문제가 된다. '그 사람 너무 가식적이지 않니?'라는 표현 속에는 '적당히 가식적이라면 괜찮은 사람일 텐데'라는 뜻이 숨어 있기도 하다.

　가식적으로 살아가는 것이 쉽기만 한 것도 아니다. 하루 종일 미소로 손님을 대해야 하는 서비스 업계 사람들에게는 그 역시 고된 노동이다. 그들이 짓는 미소가 하루 종일 진심일 수 없기 때문에 그들은 피곤하다. 아파도 힘들어도 괴로워도 참고 지어내는 미소는 고통을 가중시킨다.

　열대야로 숨이 턱턱 막히던 어느 여름, 대형마트에서 장을 보는 척 피서를 한 후 차를 빼서 나가는 길에 주차안내를 하는 마트직원이 눈에 들어왔다. 삼복더위에 에어컨이 빵빵하게 나오는 마트는 천국이지만 에어컨을 빵빵하게 켠 차들이 뿜어대는 열기와 매연이 그득한 주차장은 지옥이다.

　그는 푹 삶은 시금치처럼 고개를 숙이고 무릎에 손을 대고 허리를 굽히고 있었다. 습기와 무더위와 매연 속에서의 하루가 얼마나 고되고 힘들었으면 고개도 못 들고 있을까 하는 측은한 생각이 들었다. 멀리서 다가오는 우리 차를 발견한 직원은 마음을 다잡았는지 허리를 펴고 밝게 웃으며 경광봉을 현란하게 돌리며 고객들에게 인사했다.

　"오른쪽으로 나가라! 잘 가라! 잘 가!"

에어컨 바람을 즐기지 않는 나는 창문을 열어두었었고, 그래서 그 직원의 가식 없는 인사를 들을 수 있었다.

무더위와 습기, 그리고 자동차의 열기와 매연 속에서 사투를 벌이던 중, 에어컨 속에서 행복해하는 고객들을 보며 느낀 상대적 박탈감이 그 직원의 가식을 없애버린 것이 틀림없다.

가식은 너무 많아도, 아주 없어도 사람과 사람 사이를 멀어지게 한다. 인간은 홀로 살아갈 수 없는 존재다. 너무 약하고 겁이 많기 때문에 늘 누군가와 함께 살아가야만 한다. 그렇기 때문에 적정선의 가식이 필요한지도 모른다. 서로를 믿고 의지해야 할 때, 가식은 윤활유 역할을 하기도 한다.

'가식'의 다른 이름은 '가면'이다.
우리는 수많은 가면을 가지고 살아간다.

나를 가식적으로 대하는 사람들을 찾아보자! 온 국민의 필수품인 휴대전화로 나름 친하다고 생각하는 사람들에게 문자를 보내보자! '내가 어떤 사람인지 얘기해줄래?'라고.

그리고 도착하는 문자를 정리해보면 알 수 있다.

'너는 사랑받기 위해 태어난 사람이야', '넌 나의 전부야', '친절하고 고마운 사람이지, 왜?', '주변에 긍정적인 바이러스를 퍼뜨려주지. 고마워', '가벼운 것 같지만 남모를 깊이가 있는 것 같은' 등의 아름다운 문자를 보낸 사람들이 고맙기는 하지만 이런 손발이 오글거리는 문자를 받을 만큼 내 모습이 아름답지 않다는 것은 그 누구보다 내가 잘 알고 있다. 어쩌면 그동안 가식적인 내 모습만 목격했던 사람들일 가능성이 많다.

그럼 이런 문자는 어떨까? '넌 나의 밥', '미친놈', '븅신', '아직 이러고 있니? 정신차려!', '무슨 소릴 듣고 싶어서 이 지랄이신지', '누구신지?', '넌 ×××이고 ××××××해!' 등등 차마 입에 담지 못할 비속어 문자를 서슴없이 보낸 사람들은 또 어떤 사람들일까? 아니, 그 질문에 앞서 내가 그들에게 무엇을 보여주었을까를 생각해보아야 할 것이다.

내게서 무엇을 보았기에 누군가는 고마운 사람이라고 하고, 또 다른 누군가는 미친 사람으로 인식하고 있는 것일까? 나는 얼마만큼의 가식으로 그들을 대했을까?

'가식'의 다른 이름은 '가면'이다. 우리는 수많은 가면을 가지고 살아간다. 그리고 상황에 따라 가면을 바꿔 써야 생존할 수 있다. 처음 만나는 사람에게 나는 분명 수많은 가면으로 무장한 가식덩어리일 것이다. 그런데 장시간 함께하다 보면 방심해서 가면 안의 내 모습이 드러나버릴 때가 있다. 때론 의식적으로 가면을 벗고 그 안의 진짜 내 모습을 보여주고 싶은 사람을 만나기도 한다. 솔직한 내 모습을 본 상대가 그런 나를 이해하고 그 자신도 가면을 벗어 민낯을 보여줄 때 우리는 비로소 진정한 소통을 경험할 수 있다. 그리고 어느 날부터인가

서로 쌍욕하며 대화해도 상처받지 않는 경지(?)에 도달하는 것이다.

물론 어제 만난 사람에게 가식 없는 문자를 받았다면 둘 중 한 명, 혹은 둘 다에게 심각한 문제가 있는 것이겠지만 어떤 문자를 받더라도 혹은 어떤 평가를 받더라도 내게 '진심'이라는 것이 존재한다면 두려워할 필요는 없다. 진정 두려운 상황은 아무에게도 답 문자를 받지 못했거나, 내가 보낸 카톡 메시지에 계속 숫자 1이 붙어 있는 경우다.

너무 많은 가면 때문에 때로 어느 것이 진짜 내 모습인지 헷갈릴 때가 있다. 하지만 방황하고 고민하지 말자. 그 모든 가면들이 다 내 모습이다. 그 가면을 다 달고 다니는 게 불편하고 힘겹다면 지금의 내가 너무 가식적이라고 인식하면 된다. 그리고 조금 가식을 털어내면 된다.

설탕범벅의 초콜릿은 몸에 해롭고 무설탕의 99퍼센트 카카오는 써서 못 먹겠다! 그래서 뭐 어쩌란 말인가!?

내 입맛에 69퍼센트의 카카오는 좀 먹을 만했다. 최소 30퍼센트 정도의 가식은 있어야 하지 않을까? 나의 진면목을 보여주기도 전에 사람들이 도망가면 곤란하니까. 당신에게 가장 편안하고 자연스러운 그 적정선을 찾아가기 바란다.

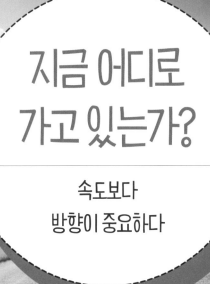

지금 어디로
가고 있는가?

속도보다
방향이 중요하다

만약 틀리면
나 X됨……

"지금부터 스마트폰을 모두 제출해주세요. 그리고 자신의 아포리아
를 찾아오세요. 제한시간은 30분입니다!"

스마트폰을 빼앗긴 학생들은 슈트 없는 아이언맨이며, 방패 없는
캡틴아메리카고, 망치 없는 토르이자, 요가 하는 헐크가 되어버린다.

"아포리아?"

학생들은 알쏭달쏭한 단어 앞에서 갸우뚱 쭈뼛거리며 멀뚱멀뚱 서
로 눈치만 보고 있다. aporia…….

검색을 해보면 사전에 아포리아는 "아리스토텔레스는 어떤 문제에
대해 서로 대립된 두 가지의 합리적 견해에 직면하는 것을 이야기하
고, 플라톤은 로고스logos의 전개로부터 필연적으로 생기는 난관을 이
야기한다고 기재되어 있다.

자신의 '난관' 혹은 '난제'를 통해 개개인의 결핍에 대한 이야기를 끄집어내고자 했는데, 그리 흔하게 쓰이는 단어가 아니라서 단어 자체가 난제를 유발하고 말았다. 즉, 아포리아 자체가 '난관'이라는 뜻을 가지고 있는데 그걸 모르는 학생들에게는 그 상황 자체가 '난관'이 되어버렸다. '난관'이라는 뜻을 찾아야 하는 '난관'에 봉착한 것이다.

미션을 받은 학생들은 시큰둥한 반응을 보였다. '아포리아가 뭔지 알아야 찾아오지'라는 표정이었다.

용기 있는, 혹은 성격 급한 몇몇 학생이 물었다.

"선생님! 아포리아가 무슨 뜻인가요?"

나는 능청스럽게 대답했다.

"삶을 살아가다 보면 난관에 부딪힐 때가 있지요. 가만히 앉아서는 절대로 그걸 해결할 수 없습니다. 움직여야 합니다. 여러분의 난제를 풀기 위해 움직이세요!"

마치 삶에 대한 조언인 것 같지만 나는 정확한 대답을 해준 셈이었다. 학생들은 달은 바라보지 않고 손가락만 바라보는 사람처럼 우르르 검색할 수 있는 곳을 찾아 뛰어나갔다.

헐레벌떡 뛰어나가는 학생들을 보고 있자니 나도 모르게 음흉한 미소가 지어졌다.

잠시 후, 검색에 성공한 학생들은 깨달을 것이다. 이미 정답을 들었지만 무지함과 고정관념 때문에 그것을 알아채지 못했음을……. 그리

고 낚였음을……

학생들이 짧은 시간에 찾아낸 아포리아는 그다지 다양하지 않았다. 취업, 학점관리, 이성관계 등에서 크게 벗어나지 않는다. 그런데 참 독특한 답변이 있었다.

"마포의 롯데리아?"

이건 무슨 소리일까? 답변의 주인공을 찾아 자초지종을 물어보았다.

늦잠을 자서 30분 정도 지각한 그 학생이 조심스럽게 문을 열고 강의실에 들어오려는 찰나, 갑자기 학생들이 쏟아져 나오기 시작했다.

당황스러운 마음에 어디 가는지 물어보자 누군가 "마포리아를 찾아 오래요"라고 했단다.

아포리아를 '마포리아'로 잘못 알아들은 것이다. 그 길로 바로 컴퓨터가 있는 곳으로 가서 열심히 마포리아를 검색해봤지만 그런 것이 나올 리가. 결국 나름의 창의력을 발휘해서 마포에 있는 롯데리아의 준말이 아닐까 생각했다는 것이다. 강의실에 들어와서 칠판을 한 번만 보고 나갔어도 그런 일은 없었을 텐데.

그 학생은 다수의 사람들이 뛰어나가자 그곳이 어딘지도 모른 채 무작정 뛴 것이다. 두려웠을 것이다. 낙오되는 것이……. 어디로 가는지 알지 못하지만 따라가지 않으면 뒤처진다고 생각해서 일단 뛰고 보는 모습이 우리 삶의 일면 같기도 하다.

나의 방향을 찾아라

애당초 자신만의 목표가 존재하지 않고, 일단 뛰다 보면 무엇인가를 만날 거라는 막연한 기대감을 갖고 앞서 뛰어가는 사람들이 입은 화려한 옷차림을 부러워하며 무턱대고 달리는 것은 아무런 의미가 없다.

우리는 이미 알고 있다. 이노베이션이라는 단어를 공부하지 않았어도 이미 혁신적인 삶을 살고 있다는 것을. 아포리아라는 단어를 검색

하지 않아도 수많은 난관을 뚫고 지금까지 왔음을, 앞선 이들의 옷차림이 부럽기는 하지만 진짜 내 꿈은 그런 옷을 입는 것이 아니라는 것을, 정신없이 뛰고 있는 이 방향이 내가 원하는 바가 아니라는 것을.

그러나 변명한다. 지금까지 뛰어온 노력이 아까워서 그냥 뛰고 있다고, 내가 아니라 저들이 멈춘다면 나도 멈출 의향이 있다고, 창의력은 시대의 콘셉트이고 트렌드이며 그저 돈벌이 수단으로 유용할 뿐이라고.

우리의 진짜 아포리아는 내가 지금 어디로 가고 있는지 모른다는 것이다. 그 방향을 알아낸 사람만이 숨이 턱까지 차오르고 가슴이 터지도록 뛰면서도 미소 지을 수 있다. 이제 아무 생각 없는 뜀박질을 멈추고 절실하게, 절박하게 질문해야 한다. 내가 가고자 하는 방향이 어느 쪽인지를.

카이사르 시저_{Gaius Julius Caesar}는 말했다.

'인생은 속도가 아니라 방향이다.'

깨달음은
어디에서
오는가?

고정관념이
나를 가둔다

아무것도 안 보여요

변화맹變化盲, Change blindness은 뻔히 보이지만 그 변화를 뇌가 의식하지 못하는 것으로, 중요한 것만 기억하려는 뇌의 특징 때문에 일어난다. 이와 관련된 외국의 실험을 UCC에서 본 적이 있다.

흰 옷을 입은 사람들이 농구공을 패스하고 있는데, 동영상 초반에 그들이 앞으로 몇 번의 패스를 하는지 세어보라는 문구가 나온다. 우리는 열심히 공의 움직임을 따라간다. 영상이 끝나고 나서 대부분의 사람들은 패스 횟수가 열세 번인지 열두 번인지를 놓고 왈가왈부했다.

하지만 정작 중요한 것은 농구공을 패스하는 사람들 사이로 검은 옷을 입고 얼굴에 곰 탈을 쓴 사람이 춤을 추고 지나갔다는 것이다. 그렇게 튀는 행색으로 튀는 행동을 하며 지나갔지만 아무도 그 사람을 보지 못했다.

※QR코드 리더기를 통해 영상을 보실 수 있습니다.

곰의 탈을 쓰고 춤추는 사람이 지나간다는 이야기를 듣고 다시 영상을 보면 신기하게도 방금 전까지는 보이지 않던 춤추는 사람이 보인다. 놀랍고 재미있는 일이지만 사실 이런 일은 우리 주변에서 흔하게 생긴다.

고정관념을 버려라

트렌디 드라마를 보면 존재감 없던 사람을 달리 보게 되면서 사랑에 빠지는 진부한 이야기가 자주 등장한다. 생각해보면 일상에서 찾을 수 없는 일도 아니다. 별로 특별한 일도 아닌데 주차권을 입에 물고 한 손으로 후진하여 차를 모는 모습이나 문을 열어주는 사소한 배려 등

조그마한 계기로 한 사람의 다른 면모를 보면서 그가 눈에 들어오기 시작하는 것이다. 소위 "그 사람 다시 봤어!"라고 말하는 순간이다.

늘 존재하는 모습을 간과하는 이유는 중요함과 중요하지 않음을 자의적으로 판단하기 때문이다. 물론 모든 것을 자의적으로 판단하는 것은 당연하다. 하지만 판단 직전에 조금 더 신중을 기해서 다양한 각도에서 본질에 접근해보려는 노력을 한다면 우리는 많은 오류를 피할 수 있을 것이며, 많은 사람들에게 상처를 주지 않을 것이며, 훨씬 더 많은 이야기와 재미를 누릴 수 있을 것이다.

다음은 가로와 세로의 선분을 비교하는 그림으로 착시를 유발하는 대표적인 이미지이다. 이 그림으로 기말고사 시험문제를 냈는데 여기서도 변화맹과 관련된 사건이 발생했다.

첫 번째 시험문제

가로의 중간에 세로의 선분이 놓인 경우, 두 선분은 같은 길이지만 세로가 길게 느껴진다. 그 이유를 과학적으로 설명하시오.

정답)

1. 가로의 선분은 우리 눈을 편하게 하지만 세로 선분은 눈을 자극하기 때문에 길게 느껴진다. 착시 때문이다.

2. 세로 선분이 가로 선분을 이등분하기에 은연중에 가로의 절반 길이와 세로 전체의 길이를 비교한다. 착시 때문이다.

착시에 관한 수업 내용을 그대로 시험에 냈을 때 가장 많이 적어낸 답변이다. 학생들은 수업에서 다룬 내용을 착실하게 기억해서 정확히 기술해냈다. 그러다 문득 '이미지가 변형되면 과연 그 변화에 적응할까?'라는 생각이 들었다.

두 번째 시험문제

다음 이미지에서 세로의 선분이 가로의 선분보다 길게 느껴지는 이유를 과학적으로 설명하시오.

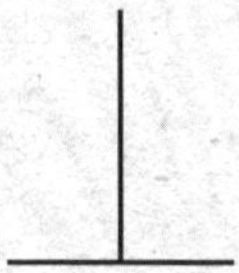

많은 학생이 첫 번째 문제처럼 착시현상 때문이라는 답을 적어냈다. 물론 그렇다. 착시현상 때문에 가로의 선이 더 길게 느껴지긴 하지만 시험에 출제된 위의 그림은 원본과는 달리 세로 선분을 실제로 2밀리미터 정도 더 길게 그린 것이었다. 그래서 가장 정확한 과학적 대답은 '원래 길다'이다. 착시현상을 정답으로 적은 학생들은 묘한 배신감을 느꼈겠지만 이 문제를 통해 학생들과 나누고 싶은 이야기는 따로 있었다.

우리 삶은 배운 대로만 되지 않으니 고정관념에서 벗어나야 한다는 취지로 말했던 가로 세로 선분 그림이 새로운 고정관념을 만들어냈다는 것이다. 진리에 접근하려면 우리 뇌를 부정하고 모든 감각을 동원해서 다양한 각도에서 실체를 만져보고 느껴봐야 한다고 말했지만 많은 학생들은 수업시간에 봤던 그림(사실은 비슷한 그림)을 보자마자 '착시현상'이라고 답을 적어 넣었다. 이는 '가로 세로가 교차하는 선분의 이미지는 착시현상과 관련된 것'이라는 또 다른 고정관념이 생겼다는 반증이다.

그런데 가끔 낚이지 않는 학생들도 등장한다. '자로 재보니 세로가 더 긴데요!', '샤프심으로 재봤어요! 세로가 길어요' 등의 답변을 적은 학생들이 있었다. 이 친구들이 낚이지 않은 이유는 무엇일까?

늘 깨어서 진리를 찾아내려는 능력자일 수도 있지만 이런 경우 대체로 그 해답을 출석부에서 찾을 수 있다. 첫 번째 문제의 내용에 대해 수업했던 날 결석했던 학생들인 것이다. 난생처음 그 그림을 본 그들에게는 착시라는 고정관념이 존재하지 않았던 것이다. 어설프게 아는 것보다 차라리 겸손한 무지를 지닐 때 오히려 선입견에서 자유로울 수 있다.

세 번째 시험문제

다음의 가로 선분이 세로 선분보다 길게 느껴지는 이유를 과학적으로 설명하시오.

두 번째 문제에서 낚였던 많은 학생들이 이번에는 어림없다는 듯 모두들 자를 대고 길이를 재본 후, 대부분 '원래 길다', 혹은 '재보니 더 길다', '한번 출제했던 문제를 다시 내다니 진부해요'라는 멘트와 함께 자신 있게 답을 적어냈다.

하지만 이 문제는 출제자 본인의 실수로 문제 자체에 치명적인 오류가 있었다. 세로 선분이 더 길게 느껴지는 이유를 물어야 했었는데 가로 선분이 더 길게 느껴지는 이유를 물어본 것이었다. 만약 학생들이 항의하면 문제 자체를 없애야 하는 문제 있는 문제였는데, 대부분의 학생들은 문제의 오류를 발견하지 못했고 두 번째 문제처럼 인식하여 선분의 길이를 재는 데만 열중했다.

시험이 끝난 후 나는 학생들에게 사과하지 않았다. 그리고 익숙한 이미지와 학습된 내용, 즉 고정관념과 편견에서 벗어나지 못해서 문제 자체의 오류를 발견하지 못한 학생들을 오히려 꾸짖었다. 나의 이야기를 들은 학생들은 그제야 문제의 오류를 깨달았고, 변화맹에 대한 본질을 되새기게 되었으며, 학생들의 허를 찌른 선생의 출제에 감탄과 존경을 보냈다. 나는 뻔뻔스럽게 그 감탄과 존경을 받아들였다.

학생들에게 미안하고 어설픈 자신을 채찍질하기도 해야겠지만 그래도 우리가 진짜 변화맹을 경험할 수 있었음에 감사한다. 깨달음은 이렇듯 예상치 못한 곳에서 온다.

왜 영광에
집착하는가?

과거를 받아들이면
미래가 두렵지 않다

타임머신을 타고
스무 살 짱짱했던 그때로!

아래 퀴즈를 한번 풀어보자. 정답은?

이집트왕인 파라오의 딸을 얻기 위해 필요한 것은?

❶ 콘돔

❷ 비아그라

❸ 벽돌 한 장

❹ 암소 40마리와 황금가면

×40마리

옛날 이집트의 왕들은 투잡을 했었다. 왕의 일도 해야 했지만 신의 역할도 해야만 했다. 왕만 돼도 권력이 막대한데 신의 역할까지 했다는 건 세상을 다 가졌다는 의미다.

세상 어느 것도 부러울 것 없을 파라오에게도 고민이 있었는데 바로 죽음이었다. 그 어떤 선배 왕들도 죽음을 피해갈 수 없음을 목격한 파라오는 결국에는 자신도 죽을 것임을 알고 있었다. 그다지 가진 것이 없어도 삶에 대한 미련을 쉽게 버릴 수 없는데 온 세상을 가진 파라오에게 죽음은 유일한 두려움이자 간절히 극복하고 싶은 불안이었을 것이다.

중국의 진시황처럼 이집트의 파라오도 영원히 살 방법을 고민했고 그 결과 피라미드라는 놀라운 건축물을 고안해냈다. 사람이 죽어도 영혼은 살아 있으리라 믿었던 그들은 육체가 썩어 없어지면 나중에 영혼이 돌아갈 곳이 없을 것이라고 생각했다. 육체가 썩지 않게 보존할 수만 있다면 언젠가 다시 돌아올 영혼과 함께 영생을 누릴 것이라 철석같이 믿었다. 그래서 나온 게 미라다. 영원한 생명을 위해 방부 처리한 육체.

피라미드는 바로 이러한 파라오의 이상을 실현한 영원한 집이다. 피라미드 중 가장 규모가 큰 쿠푸왕의 피라미드는 높이 146.5미터로 45층 아파트 높이에 해당한다. 10만 명의 인부들이 3개월씩 교대로 20년이나 일해 만든 대작이다.

이 피라미드를 만들려면 길이가 가로 세로 1미터가 넘고 무게도 2톤이 넘는 벽돌이 최소한 230만 개는 필요한데, 피라미드 주변 1,000킬로미터 이내는 이런 거대한 돌이 없었다. 나일 강 상류 먼 곳에서 돌을 캐서 뗏목으로 운반했다고 하는데, 상상만으로도 참 현기증 나는 일이다.

이 거대한 쿠푸의 피라미드에 남겨진 상형문자들에서 발견된 내용은 우리를 경악케 한다.

"파라오 쿠푸는 자신의 피라미드를 세우는 재원을 마련하기 위해 딸들에게 매춘을 시켰다."

이럴 수가! 한 나라의 왕이자 신이었던 파라오가 그깟 돌덩어리를 못 옮겨서 자신의 딸들에게 매춘을 시키다니, 아니 영생이 아무리 중요하다 하지만 자기 딸에게 몸까지 팔게 하는 아버지가 세상에 있을 수 있단 말인가!

살아 있는 권력은 자신을 신격화하려 노력한다. 하지만 권력이 사라진 후, 그들이 만들었던 억지 신화는 꼼수로밖에 기억되지 않는다. 철학 없는 절대권력, 혹은 독재는 어처구니없는 구조물을 남긴다. 그 규모가 클수록 자신의 신화가 영원할 것이라 생각하지만 그것을 만들기 위해 착취당했을 백성들을 생각하면 남의 일이 아니다.

피라미드를 위한 재원이란 결국 거대한 벽돌을 말한다. 가로 세로 1미터 이상, 무게가 2톤이 넘는 벽돌을 가져오면 왕이 딸을 내줬다는

말인데, 아무리 왕의 딸을 사모했고 쾌락의 욕망에 눈이 뒤집혔다고 해도 2톤이 넘는 돌덩이는 혼자 힘으로는 옮길 수 없었을 것이다. 그렇다고 해서 모아둔 비자금으로 장터에서 살 수 있는 성격의 물건도 아니다.

결국 당시 이런 거대한 돌덩이를 옮길 수 있는 사람은 노예가 많고 돈도 많았을 것이다. 정치, 경제, 군사력 측면에서 막대한 영향력을 끼칠 수 있었을 것이다. 즉 권력의 실세쯤 되어야 왕에게서 딸을 받을 수 있었을 거라는 이야기다. 그렇다면 이러한 거래가 당시 상류계층의 향락문화였을 것이라는 추측이 가능하다. 또 한편으로는 이런 추측도 가능하다. 절대권력을 지켜나가고 유지해야 했던 왕이 당대의 군사, 경제, 정치의 핵심인물에게 딸들을 붙여주어 그들을 사위로 만들어 왕의 권력을 공고히 했다는 가설이다. 즉 휴먼네트워크를 만들었던 것일 수 있다.

지우려 해도 결코 바뀌지 않는 이야기

우리는 과거에 집착한다. 20년간 복무해온 솔로부대에서 탈출시켜준 고맙고 아름다운 그녀, 그러나 사랑에 멀었던 시력은 시간의 흐름과 함께 회복되기 시작한다. 그때쯤부터 불현듯 밀어닥치는 수많은 의문들……. 그중 한 가지! 이 사람의 과거는 어땠을까?

좀 더 솔직히 표현하자면 '나를 만나기 전에 어떤 사람을 만났고 심지어 진도는 어디까지 나갔었을까?' 하는 유치하기 짝이 없는 생각이 든다. 하지만 차마 직접 묻지 못하며 애만 태운다. 애끓는 마음은 결국 비겁한 행동을 서슴지 않게 만든다. SNS의 비밀번호를 해킹하고 친구들을 뒤져보는 등의 은밀한 뒷조사는 애교고 얼핏 나눈 대화나 일상의 습관 속에서, 심지어는 입맞춤의 순간에도 두 눈을 부릅뜨며 상대의 표정을 살피며 과거를 알고 싶어서 법석이다.

과거에 집착하는 건 두렵기 때문이다. 그녀가 나를 떠날 수도 있다는 두려움, 오셨던 것처럼 갈 때도 그렇게 홀연히 갈 수 있다는 두려움……. '설마 나처럼 살았던 건 아니겠지?'라는 마음이 나를 괴롭힌다. 지피지기면 백전백승이라지만 나보다는 그녀가 더 궁금하다. 그녀를 알아야 관계의 주도권을 쥘 수 있다는 생각이 든다. 좋아하는 음식이 무엇인지, 날씨에 따른 컨디션은 어떤지, 그녀의 감성을 자극하고 한순간 훅 넘어오게 만드는 포인트가 무엇인지……. 최소한 그녀가 싫어하는 것만 알아도 좋겠다. 그 정답은 그녀의 과거에 있을 것만 같다. 나를 만나기 전에 그녀가 왜 전 남자친구와 헤어졌는지를 알아야 그녀를 영원히 잡을 수 있다고 생각한다.

하지만 두려움의 정체는 정작 과거가 아니다. 미래다. 과거는 다시 돌아오지 않지만 미래는 시시각각 다가온다. 알 수 없고 어떻게 될지 모르기 때문에 두려울 수밖에 없다. 그래서 다양한 경우를 상상하며 대비하고 싶은데, 이때 중요한 단서를 제공하는 것이 바로 '과거'다. 정확한 미래의 모습을 그려낼 수는 없지만 과거의 모습에 현재를 대입해봄으로써 어디로 흘러가고 있는지, 어떻게 될 것 같은지 그 '방향'은 그려볼 수 있다.

과거를 있는 그대로
받아들일 수 있는
객관적인 시각과
용기가 필요하다.

미래가 궁금해서 과거에 집착하는 우리들. 하지만 여기에는 또 다른 법칙이 있다. 과거는 바꿀 수 없다는 것. 아무리 후회와 반성을 한다 한들 그 순간과 진실은 결코 사라지지 않는다. 간혹 왜곡되어 기록되고 전달되지만 그것은 말 그대로 왜곡된 것이고 진실은 그 자체로 존재한다.

아무리 가슴을 치며 비통해해도 파라오의 딸들은 불행했으며 쿠퍼는 자신의 욕망을 위해 딸들을 이용한 비정한 아버지였다. 이는 결코 바뀌지 않는 진실이다. 과거를 통해서 미래를 예측하는 것보다 중요한 것은 불행한 과거를 재현하지 않는 미래를 만들어내는 것이다. 자신의 욕망을 위해서 모든 것을 희생시키는 아버지가 존재하지 않도록, 그런 아버지가 절대 권력을 갖지 않도록, 그리고 내가 그런 아버지가 되지 않기 위해 우리는 과거를 연구하며 미래를 그려야 한다.

그러려면 과거를 있는 그대로 받아들일 수 있는 객관적인 시각과 용기가 필요하다. 그래야만 원인을 찾아내어 바로잡을 수 있다. 그러지 않으면 결코 미래를 바꿀 수 없다. 반성을 통해 왜곡된 과거를 바로잡고, 행복한 미래를 위해 잘못을 반복하지 않으려는 의지만 있다면 우리는 다가올 미래를 두려워하지 않게 될 것이며, 나아가 모든 과거를 감사하게 추억할 수 있을 것이다.

내가 무슨 짓을
한 거지?

욕구, 욕망, 충동, 사물……
거울 속의 나 들여다보기

누구냐? 넌!

하루를 시작하는 아침, 5분을 더 자기 위해 아침식사를 거를 수는 있지만 오늘의 의상 콘셉트를 맞추고 왁스로 머리에 자존심을 세우기 위해 거울 보는 일은 거를 수가 없다.

거울 앞에서 잠시 짬이 생겨서, 혹은 실수로 '생각'이란 것을 하게 되면 꽤나 복잡한 세상이 펼쳐진다. '나는 왜 눈곱을 떼며, 좌우대칭을 신경써가며 눈썹을 그려야 하며, 누구를 위해 머리에 왁스를 바르고 있는 것일까?'

모두들 당연히 '나'를 위해서라고 생각한다. 그런데 다시 생각해보자! 눈곱을 떼지 않고 눈썹의 좌우대칭이 맞지 않고 머리에 왁스를 바르지 않으면 나는 출근할 수 없는가? 그 상태로 거리를 활보한다고 해서 사법처리 되는 것은 아니지 않는가!

정작 우리가 두려워하는 것은 사람들의 평가가 아닐까? 하루하루 만나는 사람마다 오디션 프로그램들의 심사의원처럼 "당신에 대한 제 점수는요~"라고 할 것만 같은 두려움 말이다.

프랑스의 정신분석이론가 자크 라캉Jacques Lacan은 우리의 삶을 4단계로 분류했다.

'욕구-욕망-충동-사물.'

그리고 이 네 가지는 서로 상호작용을 하고 순환하는 구조를 갖는다고 한다.

욕구의 세계

욕구의 삶이란 살기 위해 사는 삶, 즉 도구적인 삶을 의미한다. 생존을 위한 절박함이다.

자취하는 복학생이 있다고 생각해보자. 지난밤의 신입생 환영회에서 한 달치 생활비를 탕진해버렸다. 한낮의 눈부심 때문인지 속 쓰림 때문인지 어쨌든 눈을 뜬 그는 지난밤을 후회했지만 다 부질없는 짓이다. 그리고 살기 위해 뭔가 먹을 것을 찾아보지만 자취생의 삶은 그리 녹록치 않다.

주머니에는 땡전 한 푼 남아 있지 않고, 친구에게 S.O.S를 쳐보지만 지난밤의 진상 짓 때문인지 카톡 메시지에는 여전히 1이라는 숫자가 남겨져 있다. 고향에 계신 엄마 생각이 간절하지만 어제 새벽 난사했던 총알은 전공서적을 핑계로 삥땅한 돈이었다.

냉장고를 열어보니 언제부터 있었던 건지 기억도 안 나는 밥 한 덩이가 있다. 밥인지 돌인지 구분되지 않는……. 복학생은 냄비에 물을 받고 차가운 밥덩이를 넣어 끓이기 시작한다. 이거라도 먹어야 살 수 있기 때문이다.

떡 진 머리에 카키색 군대 러닝셔츠에 무릎 나온 파란색 추리닝을 입고 쪼그리고 앉아서 물에 불린 밥을 냄비째 먹기 시작한다. 이 순간의 밥이 바로 욕구의 밥이다. 살기 위해 먹는 밥. '왕후의 밥, 걸인의 찬'이라지만 이 상황에서는 그냥 걸인의 밥이다.

욕망의 세계

모든 것이 상품화되는 자본주의에서는 이미지가 강력한 힘을 발휘한다. 개개인의 욕망마저도 상품으로 해소할 수 있는 세계에서, 타인에게 보이는 내 모습은 상대적 행복의 원천으로 작용한다. 우리의 삶은 대체로 타인에게 보이는 모습이 행복의 척도인 욕망의 세계에서 이루어지고 있다.

이곳에서는 가치를 이미지로 객관화할 수 있으며, 그 이미지를 통해서 가치교환이 가능하다. 그렇기 때문에 능력 있는 사람들은 아주 풍요롭고 폼 나는 삶을 살 수 있다(폼 나도록 외형을 꾸며내어 능력 있는 것처럼 현혹하기도 한다). 그렇기 때문에 이 세계에서는 모든 욕망과 언제든지 교환이 가능한 돈이 전지전능한 힘을 가지며 실질적인 숭배의 대상이 되어버린다.

다시 복학생에게로 가보자. 처량하게 불린 밥을 먹으며 욕구의 세계에 있는 그에게 문자가 온다.

'오늘 저녁 소개팅 할래?'

그의 눈빛이 살아난다. 그는 욕망의 세계로 들어가기 위해 거울 앞에 선다. 우선 세수를 하고 머리를 감는다. 초췌하게 보이는 수염을 깎아버리려다 잘만 하면 야성의 심벌이 될 수도 있을 듯해 남겨두기로 한다. 가지고 있는 옷 중 가장 좋은 것을 골라 입고 왁스로 떡칠을 한다. 같은 떡이라도 왁스 떡은 소위 '간지 나는 떡'이다. 마지막으로 혹시 남아 있을지 모르는 자취의 냄새를 없애기 위해 탈취제와 향수로 샤워를 한다.

욕망의 세계에서는 어떤 밥을 먹을까? 혹시 운명일지도 모르는 그녀에게 물에 불린 욕구의 밥을 같이 먹자고 할 수는 없다. 욕망의 세계에서 그런 밥은 낙오자, 패배자, 루저의 상징이 될 수 있기 때문이다.

고향의 어머님께 전화를 하여 안 묻던 안부를 묻고 쭈뼛쭈뼛하면

눈치 빠른 어머님은 말씀하신다. "네가 진짜로 원하는 게 뭐냐?"고.

"새로 시작하는 수업에 영어사전이 필요한데……"라고 말하며 속으로 언젠가는 성공해서 꼭 호강시켜드리겠다는 알량한 다짐을 해본다.

급하게 수혈받은 돈을 찾아 소개팅 장소로 나가며 스마트폰으로 오늘 일정을 세워본다. 블로그를 통해 소문난 맛집을 알아놓는 것은 물론이거니와 오늘의 운세, 혈액형별 소개팅 방식 등 다양한 뻐꾸기까지 준비한 그는 매우 흐뭇해한다.

완벽히 세팅된 모습의 복학생은 자신의 비루한 통장 잔고와 학사경고로 너덜너덜한 성적표와 냄새 나는 자취방을 모두 감추고 욕망의 세계로 뛰어든다. 이제 그녀가 나를 욕망하도록 만들기만 하면 된다.

충동의 세계

    욕망의 세계가 이성적인 세계라면 충동은 비이성적이고 비논리적이다. 논리적으로 설명할 수 없는 세계. 뭔지 알 수 없는 에너지가 존재하는 세계.

    충동은 우발적인 행동을 유발한다. 하고 싶고 갖고 싶은 것을 향해 돌진하게 만든다. 이 세계에는 위험과 불안정함이 도사린다. 충동의 세계에는 우선 범죄자들이 있다. 치밀한 계획 아래 이성적으로 저지르는 범죄도 있지만 '욱' 하는 순간의 감정을 이겨내지 못해서 충동적으로 저지르는 범죄도 많기 때문이다. 그렇다고 해서 충동의 세계가 암울한 것만은 아니다. 긍정적이고 행복한 에너지도 존재한다.

    바로 예술의 세계가 그러하다. 괴팍하고 이해할 수 없는 삶을 살아가며 오로지 자신만의 세상에서 보통 사람들은 상상할 수 없는 이미지와 소리를 만들어내는 예술가들. 반 고흐 Vincent van Gogh 는 아무도 사주지 않는, 오로지 비웃음의 대상이었던 작품을 평생 죽어라고 그렸다. 비디오 아트로 유명한 백남준은 평소 멀쩡히 지내다가도 기자가 왔다는 소리를 들으면 셔츠의 단추를 한 칸씩 어긋나게 끼웠다고 한다. 자신이 평범하지 않은 세상에 살고 있음을 나타내기 위해서였다.

    충동의 세계에서는 이성적이고 논리적인 욕망의 세계의 눈으로 보면 도저히 이유를 찾을 수 없고 납득할 수 없으며, 심지어 쓸모조차 없는 것들이 만들어진다. 그러나 아이러니하게도 욕망 세계의 사람들은 예술의 세계를 동경하며 나아가 이를 욕망의 대상으로 삼는다.

욕망의 세계에서 절대권력인 '이미지 종이(돈)'를 예술가들에게 기꺼이 지불해 충동의 산물을 욕망의 세계로 들여오고 예술가의 작품과 삶에 대한 구구절절한 이론을 만들어 합리적으로 작품의 가격을 높이는(투기하는) 데 성공한다. 그리고 '충동을 구매하는 나는 먹고사는 문제를 뛰어넘어 정신적 가치를 추구한다'는 허세로 포장한다.

사물의 세계

이 세계는 한마디로 죽음의 세계다. 쓸모없어진 것들, 수명이 다한 것들. 충동의 세계가 잉여 에너지라면 사물의 세계에는 과잉된 에너지가 넘실거린다.

분필이 하나 있다. 분필은 칠판에 글씨를 쓰는 유용한 도구이다. 그런데 분필에 물이 쏟아져서 젖으면 이 분필은 아무짝에도 쓸모없는 죽음의 물건이 되어버린다.

그런데 충동의 세상에 있는 예술가가 이 분필을 주워서 이상한 일을 꾸민다. 이른바 '죽은 분필을 위한 추모식(?)' 같은 분필 장례식을. 이성적인 욕망의 세상에 사는 사람들은 이들을 이해하지 못해 손가락

잉여와 과잉의 구별

한 컵의 물이 필요해서 물을 받기 시작한다. 그리고 잠시 후, 물이 넘치기 시작하면서 잉여와 과잉의 개념이 발생한다. 만약 컵 밑에 다른 그릇을 받쳐서 넘치는 물을 받아두면 그 물은 잉여된 물이다. 아직 쓰일 곳을 찾지는 못했지만 언젠가는 어딘가에 쓰이게 되는……. 그러나 컵 밑을 받치는 그릇이 없으면, 그래서 흘러넘친 물이 그냥 하수도로 직행한다면 이 순간의 물은 과잉된 것이다. 버려지는 것, 즉 죽음이다.

질하기도 하지만 그럴듯하게 포장만 잘하면 입장료를 내고 관람하거나 거액을 들여 분필의 사체를 사들이기도 한다.

　욕구, 욕망, 충동, 사물의 세계를 복학생 이야기로 다시 정리해보자.
　때는 크리스마스 이틀 전 12월 23일 밤, 모태솔로인 복학생은 PC방의 온라인 세상에서는 전지전능한 왕으로 군림하지만 오프라인의 크리스마스는 그저 끔찍할 따름이다. 23일 저녁, 강소주를 두 병 마시며 신께 기도한다. 미리 생신 축하드리며, 소원이 하나 있는데 이 술을 마시고 잠이 들었다가 눈을 떴을 때 26일 아침이 되게 해주소서.

지독한 숙취와 속 쓰림과 장시간의 취침으로 인한 허리 통증을 참지 못해 눈을 떴더니 24일 낮이었다. 자신의 간절한 기도를 들어주지 않은 신을 원망하며 다시 잠들고 싶지만 술 때문인지 허기 탓인지 쓰라림에 잠을 이룰 수 없다. 쓰린 속을 다스리려 부스스한 모습으로 컵라면에 물을 붓고 쪼그리고 앉아 3분을 기다리는 동안 자느라 확인하지 못한 카톡 대화를 쓸어 내려간다.

그런데 이게 뭔가!!

'소개팅 할래?'

절친의 메시지가 30분 전에 와 있던 것 아닌가! 서둘러 메시지를 보낸다.

'예뻐?'

'쩔어!'

부스스한 상태로 속 쓰림과 허기를 때우기 위해 컵라면을 들고 욕구의 세계에 있던 복학생은 순식간에 욕망의 세계로 빠져든다. 요정을 만난 신데렐라처럼 세상에서 가장 멋진 모습으로 변신하고 소개팅 장소 근처의 분위기 좋은 카페, 맛집, 술집, 노래방 등 모든 경우의 수에 철저하게 대비하고는 그녀를 만나러 나간다. 오, 그녀는 예뻤다.

가지고 있는 모든 가식을 총동원해 그녀에게 최고의 모습을 연출하여 판타지 세계에서만 인정되었던 귀족의 지위를 현실에서도 확보하고 있는 듯 보이려 노력한다. 식사시간이 되자 그가 준비한 코스로 자연스럽게 이동한다.

"이 근처 많이 다녀봤지만 여기만 한 곳이 없어요!"라며 블로그에서 봐둔, 난생처음 가보는 식당으로 들어가서는 종업원에게 "늘 먹던 걸로 주세요"라며 너스레를 떤다.

음식이 나오지만 욕망의 세계에서는 바로 허겁지겁 먹는 행위는 허용되지 않는다. 스마트폰으로 음식의 구석구석을 야무지게 찍어두어야 한다. 그래야 페이스북을 통해 나의 럭셔리한 크리스마스를 전 세계에 알릴 수 있기 때문이다.

식사와 함께 곁들인 이름도 알 수 없는 와인에 은근히 취기가 돌자 살짝 노래방 같은 둘만의 아늑한 공간이 간절히 생각나지만 섣부르게 제안할 수는 없다. 그런데 감사하게도 그녀가 "노래 좋아하세요?"라며 운을 띄운다. 기성용의 센터링이 이보다 더 정확할 수 있을까? 복학생은 냉큼 '콜'을 외친다.

첫 곡은 캐롤이다! 크리스마스니까! 불과 24시간 전만 해도 상상할 수 없던 상황에 감동의 눈물이 다 날 지경이다. 할렐루야!

앞으로 30분 정도는 신나는 댄스곡이고 나머지는 발라드, 마지막엔 끈적끈적한 블루스로 갔으면 하는 마음이 든다.

'간절히 원하면 다 이루어진다고 어떤 책에 쓰여 있던 것 같은데……'

얌전을 빼던 그녀가 마이크를 잡고 이은미의 〈애인 있어요〉를 열창

하기 시작한다. 복학생은 마치 그 노랫말이 자신에게 하는 말로 들리기 시작하고 급기야 그녀에게 키스하고 싶은 충동에 휩싸인다.

술과 음악, 그리고 밀폐된 공간에서 복학생의 무의식이 이성의 끈을 끊고 올라온 것이다. 노래가 클라이맥스에 다다랐다.

"알겠죠. 나 혼자 아닌걸요. 안쓰러워 말아요. 언젠가는 그 사람 소개할게요. 이렇게 차오르는 눈물이 말하나요. 그 사람…… 읍!!!"

그녀에게 키스해버린 것이다.

……

복학생의 뺨에는 선명한 손자국이 빨갛게 남았고 조명이 켜진 조용한 노래방에서 생각 없이 돌고 있는 미러볼처럼 그는 그냥 사물의 세계에서 쓰레기가 되어버렸다.

우리는 그렇게 욕구와 욕망과 충동과 사물의 세계를 떠돌아다닌다. 내가 어떤 세계에 있는지, 거울 속의 나를 유심히 살펴볼 일이다. 안 그러면 순식간에 사물의 세계로 떨어져버릴 수도 있으니.

창조는 어디에서 시작되는가

: 모방은 창조의 어머니, 그럼 아버지는 누구?

생각에도
유통기한이 있나요?

혁신적이라고?
이노베이션의 유쾌한 시작

유쾌한 이노베이션.

한양대학교 교양수업 제목이며 학생들과 소통의 난장이 펼쳐지는 공간이다. 수업이 개설되고 강의를 의뢰 받았을 때 사실 머릿속에는 한 가지 생각뿐이었다.

'이노베이션이 무슨 뜻일까?'

이 이야기는 10여 년 전으로 거슬러 올라간다. 2002년, 대구의 모 대학에서 '미술의 이해'라는 교양강좌를 맡으면서 강사의 길을 걷기 시작했다. 그리고 그해 2학기 기말고사에 냈던 문제가 문제의 시발이 었다.

인터넷이 소통의 왕으로 등극하기 시작했던 그때, 초고속 광랜을 타고 이 문제들은 널리 퍼져나갔다.

Q. 너무 소심해서 상대의 얼굴도 제대로 쳐다볼 수 없는 사람이 할 수 있는 키스 법은?

❶ 기습 형   ❷ 할까 말까 형   ❸ 게임 형   ❹ 간접키스 형

Q. 다음 중 라면 한 개(삼양라면 기준)를 끓일 때 필요한 물의 양은?

❶ 450cc   ❷ 500cc   ❸ 550cc   ❹ 600cc

Q. 이집트 왕인 파라오의 딸을 얻기 위해 필요한 것은?

❶ 콘돔   ❷ 비아그라   ❸ 벽돌 한 장   ❹ 암소 40마리와 황금가면

　질문지는 카테고리 '엽기' 방을 통해 무자비한 퍼 나르기가 진행되었고 '꺼리'를 찾아 헤매는 하이에나 같은 미디어의 눈에 이것이 띄는 것은 시간문제일 뿐이었다. 결국 시험문제는 돌풍을 넘어 쓰나미로 변해 나를 덮쳤다. 위 문제들은 총 40문항 중 언론에서 가장 많이 다룬 것들이다. 인터넷 창을 넘어 신문과 뉴스 등 언론은 나를 '엽기 강사'라고 부르기에 주저하지 않았고 온갖 악플과 비난은 소위 '한 방에 훅 간다'는 것이 무엇인지 온몸으로 느끼게 해주었다.

　한동안 내가 할 수 있는 일이란 고작 내게 쏟아지는 온갖 악플을 보면서 깨치는 것뿐이었다.

'아! 나는 저런 나쁜 사람이었구나!'

'아! 나 같은 쓰레기가 학생들을 망쳐놓은 것이구나!'

'아! 나 때문에 동문들의 사회생활이 어려워지겠구나!'

......

간혹 연예인들이 악플에 시달리다가 자살했다는 소식을 들으면, 안 보면 될 텐데 왜 그걸 보면서 죽음으로 자신을 몰고 가는지 이해가 되지 않았다. 그런대 막상 경험하고 보니 왜 인터넷 댓글에서 헤어 나올 수 없는지 알 수 있었다.

우리는 스스로를 잘 알지 못 한다. 끝없이 올라오는 수많은 사람들의 댓글이 내가 알지 못했던 내 모습을 이야기해주는 것일 수 있다는 생각이 들었다. 내가 모르는 내 이야기는 꽤나 흥미로웠고 동시에 '나는 쓰레기가 맞다'는 확신을 심어주었다. 나로 인해 분노하는 많은 사람들을 위해 내가 할 수 있는 유일한 일은 사라져주는 것 외에는 없어 보였다.

살아 있으면 좋은 날이 온다

죽음…….

내가 사라지면 성난 군중들이 다시 행복해질까? 행복까지는 아니어도 더 이상 분노의 댓글을 달진 않겠지? 그리고 나의 죽음을 대하면 조금은 미안해하지 않을까?

일단 죽음이라는 단어에 사로잡히자 생각은 걷잡을 수 없이 달려갔다. 주변을 정리해야겠다는 생각이 들었다. 내가 사라지면 남을 것들……. 나를 모르는 익명의 사람들이 남긴 악플은 사라지겠지만 나를 아는, 그리고 나를 사랑했던 사람들에게 나는 치명적인 상처로 남을 것이다.

소리 죽인 새벽기도를 하며 간절히 하나님을 부여잡고 오셨을 부모님이 떠올랐다. 사라진 아들을 당신들 탓으로 여기며 평생 가슴 아파하시겠지? 나와 함께 웃고 울며 많은 추억을 만들었던 친구들과 고마운 사람들……. 새삼 '나는 사랑을 많이 받고 살았구나!'라는 생각이 들었고 그 사랑이 지금 나를 없애겠다는 결심에 큰 걸림돌이 됨을 느꼈다. 나눈 사랑만큼 아파할 죄 없는 사람들.

결심했다. 낯모르는 악플러들을 위해 사라질 것이 아니라 나를 사랑하는 사람들을 위해 견뎌보자. 견뎌서 살아남아 보겠다. 그래서 살아남을 수 있는 방법을 연구하기 시작했다.

연예인들이 죽음의 유혹에서 벗어나지 못하는 이유 중 하나는 스캔들을 둘러싼 오해와 비난이 그들의 이름과 얼굴에 함께 붙어 다니기 때문이다. 진실이 밝혀지기도 전에 그들의 이미지는 찌라시 같은 언론에 의해 이미 만신창이가 되어버리고 대중의 사랑을 먹고사는 그들에게 그 순간은 사형선고와 동일하다. 죽음 아니고는 그 순간을 벗어날 방법이 보이지 않게 된다.

나는 깨달았다. 그렇게 얼굴이 만천하에 알려진 공인들과 나는 상황이 다르다는 것을. 그들이 알고 있는 것은 내 이름과 시험문제지 내 얼굴은 아니라는 것을.

살아남을 방법을 찾았다. 내가 아닌 다른 사람인 척하며 사는 것이다! 사람들이 모여서 엽기 강사가 어쩌고저쩌고 하며 비난하면 그 옆에 가서 "그래요? 그런 일이 있었어요?"라며 천연덕스럽게 행동하면 된다. 맞서 싸우지 못하는 게 비겁하고 지질해 보이지만 삶을 포기하는 것이 훨씬 더 비겁한 것 아닌가!

선배들에게 전화해서 일자리를 알아봤다. 마침 한 선배가 타일 붙이는 일을 한다며 함께하자고 했다. 신축하는 목욕탕에 타일을 붙이는 일이었다. 그 일을 하며 깨달았다. 하나님이 내게 준 달란트가 타일 붙이는 일이었다는 것을……. 행복했다. 온몸의 근육이 욱신거리고 허리는 끊어질 듯 아프고 고단했지만 마음은 아프지 않았기 때문이다.

그렇게 과거를 잊으려 버둥거릴 즈음, 한 통의 전화가 걸려왔다.

"여기는 한양대학교입니다. 선생님과 수업을 개설하고 싶어서 이렇게 전화를 드렸습니다."

대학원을 나오고 박사를 하고 유학을 다녀와도 인맥 없으면 강의 얻기가 하늘의 별 따기인 세상인데, 박찬호의 모교 정도(?)로만 알고 있는 생면부지 한양대에서 강의하러 오라고 전화가 온 것이었다. 엽기 강사라고 손가락질을 받고 있는 사람에게 수업 개설을 제안하다니, 도대체 이해할 수 없는 일이었다. 심지어 전화기 속의 목소리는 끝까지 자신이 한양대학교 관계자라고 우겼다.

반신반의했지만 우선 이유를 알고 싶어졌다. 왜 비난의 대상이었고 타 대학에서 교육계의 쓰레기 취급을 받고 버려진 인간을 데려다가 강의를 시키려는 것일까? 의아했고 이해할 수 없었고, 두려웠다. 전화한 학교 관계자는 말했다.

"한양대뿐만 아니라 대한민국의 모든 대학은 학생들에게 양질의 교육 서비스를 제공하기 위해 노력하고 있습니다. 학생들은 제공되는 목표와 미션을 잘 수행하면서 자신의 미래를 만들어갑니다. 하지만 더 좋은 대학이 되려면 학생들 스스로가 문제의식을 찾아내어 해결하는 능력을 갖추도록 해야 합니다. 졸업까지가 아니라 졸업 이후에도 행복을 찾아내고 만들어갈 능력, 즉 창의력을 갖춰야 합니다. 다가오는 시대는 창의력을 강력히 요구하는데 그렇게 봤을 때 창의력을 시험하고 연습하는 수업이 필요하다고 생각합니다. 마침 논란이 되고 있는 선생님의 시험문제와 앞뒤 정황을 분석한 결과, 선생님이 창의력에 관한 수업에 적임자라 생각했고 그래서 이런 제안을 드리게 되었습니다."

너무 고맙고 감사한 이야기였다. 아무짝에 쓸모없는 사건과 인물이 쓰일 곳이 있다고 이야기하는 것이 아닌가! 보이는 면만 보고 이야기하는 것이 아니라 사건을 입체적으로 분석하여 쓰일 곳을 찾아내는 관계자 분의 능력과 안목에 감탄하고 감사했다. 하지만 냉큼 강의 제안을 수락할 수가 없었다. 문제는 '자신감'이었다. 언론의 뭇매와 악플에 시달리는 동안 사람들 앞에 서서 웃으며 이야기할 수 있는 자신감을 잃고 의기소침해져버린 것이다.

깊은 고민에 빠졌다. 평생 다시 찾아올 리 없는 기회를 잡느냐, 아니면 그냥 그대로 동굴 속으로 기어들어가서 조용히 세상을 사느냐. 두 갈래의 길을 만났을 때, 한쪽을 선택하고 집중해야 하는 것이 삶이지만 선택하지 않은 길에 대한 미련, 그리움, 혹은 환상을 떨쳐내기란 쉽지 않다.

인생을 두 번 살 수 있다면 이렇게도 살아보고 저렇게도 살아볼 수 있겠지만 돌이킬 수 없는 인생의 시간은 선택의 순간을 압박한다. 개인적으로 이런 경우에는 최악의 상황을 그려보곤 했다. 그런 다음 최악이 아닌 쪽을 선택하곤 했다. 이번에도 최악의 상황을 상상해보기로 했다. 그리고 최악이 아닌 쪽으로 결정을 내리자고 결심했다.

첫 번째 길, 강의를 수락하지 않는다!

강의를 하지 않은 나는 타고난 적성대로 타일을 계속 붙이며 살아간다. 1년, 2년…… 그렇게 10년, 20년이 지난 어느 날, 나는 타일의 세계적 명장이 될 것이다. 《타일 붙이기가 제일 쉬웠어요》라는 자서전을 낼 것이며 수많은 언론이 나를 취재하러 올 것이다. 나는 그들에게 보여주면 된다. 누워서 붙이기, 엎드려 붙이기, 던져서 붙이기, 눈 감고 붙이기 등등을 시연하면서 내 삶을 뒤돌아보며 중얼거릴 것이다. '참 열심히 그리고 후회 없이 살았다'고. 그러던 어느 날, 문득 떠오를 것이다. 옛날에 한양대라는 곳에서 강의 제의가 왔을 때, 강의하는 길을 선택했다면 지금의 나는 어떤 모습으로 살고 있을까? 후회를 하거나 아쉬움을 곱씹지는 않겠지만 절대 해소할 수 없는 궁금증과 아련한 미련을 품고 살아가야 할 것이다. 마치 한여름에 모기 물린 발바닥처럼, 긁어도 이상하고 안 긁어도 이상한…….

두 번째 길, 강의 제안을 수락한다!

이 선택을 할 경우 어떤 최악의 순간을 맞을까? 불을 보듯 뻔했다. 한 학기 강의를 마치자마자 학생들과 학교 관계자에게 '당신은 엽기 강사가 맞군요!'라며 한양대에서도 쫓겨나는 것이다. 다시 루저로. 정말 최악이다. 하지만 이것은 이미 경험해본 일이다. 그리고 어차피 뭘 더 잃을 것도 없는 상태가 아닌가! 오히려 평생을 갖고 살아야 할 '아련한 궁금증'을 지우는 데 한 학기라는 시간은 그다지 과하지 않다는 생각이 들었다.

'가자! 가서 빨리 실패를 경험하자! 꿈도 아니고 이상도 아니며 적성에도 안 맞고 인정도 못 받을 일을 붙들고 미련스럽게 미련을 품고 평생을 살 것이 아니라 확실하게 실패함으로써 다시는 쳐다보지 말도록 하자!' 또 쫓겨난다 해도 다시 타일을 붙이면 되지 않는가! 10년, 20년이면 될 타일의 명장이 되기까지 11년, 21년이 걸리겠지만 그 아련한 미련을 털어내는 데 한 학기가 그리 긴 시간은 아니지 않은가!

이노베이션은 쉽다

한양대 관계자 분께 전화했다. '도전'해보겠다고. 그분은 반가워하며 강좌 제목을 뭐로 하면 좋겠느냐고 물으셨다. 딱히 생각나는 단어가 없는(딱히 생각하며 살지도 않았기에) 나는 "뭐 좋은 게 없을까요?"라고 반문했다. 그때 관계자 분께서 말씀하셨다.

"최근에 읽은 책 중에 《유쾌한 이노베이션》이라는 게 있는데, 그 제목을 가져오면 어떻겠습니까?"

그 말을 듣는 순간 나는 책상을 치며 말했다.

"바로 그겁니다. 그 제목이 딱 좋겠습니다!"

말은 그렇게 했지만 머릿속은 복잡했다. '이노베이션? 이노베이션

이 무슨 뜻일까?'

난생처음 들어보는 단어였다. 하지만 관계자 분께 물어볼 수는 없었다. 나의 무지를 드러내선 안 되기 때문이다. 일단 아는 척하기는 했지만 내심 몹시 당혹스러웠다. 전화를 끊자마자 영어사전을 펼쳐 찾아보았다.

Innovation, 혁신……

뒤통수를 한 대 맞은 기분이랄까? '나는 참 무식하구나!'라는 부질없는 깨달음 뒤에 거대한 질문이 나를 덮쳐왔다. '지금껏 나는 왜 한 번도 나 자신을 혁신해보려는 생각조차 한 적이 없었을까?'

창의와 혁신은 기발한 아이디어에서 출발하지만 핵심은 '실천하는 의지'다.

나는 왜 혁신적이지 않았던 것일까? 그렇다고 딱히 삶이 정체되어 갑갑하다는 느낌을 받지도 않았는데……, 불감증인가? 자신의 삶도 혁신하지 않던 사람이 어떻게 학생들에게 창의력과 혁신에 관해 이야기할 수 있을까? 이런 질문의 갈피에서 섬광 같은 깨달음이 찾아왔다! '나는 굉장히 혁신적인 인간이다!'라는 것이었다.

어느 일요일 저녁 옆으로 누워서 '개그콘서트'를 보며 낄낄대기를 15분쯤 했을까. 목과 어깨에 통증을 느꼈고 그다음 순간 몸을 움직여 반대쪽으로 돌아누웠다! 다음 순간 나는 벌떡 일어났다.

'와우! 놀라운 혁신의 순간이 아닌가!'

만약 내가 혁신적인 사람이 아니었다면 그냥 목과 허리의 통증을 견디며 계속 TV를 시청하였을 것이다. 불편을 느끼고 발견한 즉시 몸을 돌리는 행동을 한 나는 뼛속까지 혁신이 몸에 배인 인간이었던 것이다. 물론 돌아누운 행위가 인류를 구원하거나 대박 사업 아이템인 것은 아니다. 하고자 하는 말은 혁신의 기본형태이다.

창의와 혁신은 기발한 아이디어에서 출발하지만 핵심은 '실천하는 의지'다. 돌아누웠다는 것은 고통을 통해 나의 결핍을 인지했다는 것이고 인지한 다음의 행동은 '위대한 혁신'의 기본형이다. TV를 보다가 돌아누울 수 있는 사람이라면 그 누구에게나 혁신의 유전자가 존재하고 있는 것이다.

인류 탄생 이후 얼마나 많은 영웅이 만들어지고 얼마나 많은 혁신이 실행되었던가! 실제 인간의 역사는 혁신의 역사라고도 볼 수 있을 지경이지만 여전히 창의력과 혁신적인 삶을 요구하는 이유는 무엇일까? 유통기한이라도 있는 것인가?

그렇다! 유통기한이 있다. 에디슨Thomas Alva Edison이 전구를 발명하여 밤에도 대낮처럼 살 수 있게 된 덕분에 프로메테우스의 저주를 받은 것처럼 야간자율학습과 야근 등에 시달려야 하는 어메이징한 세상이 되었다. 하지만 지금의 인류에게 전기와 전구가 그렇게 놀라운 것이 될 수 있을까? 그냥 당연한 것 중 하나일 뿐이다. 창의력과 혁신의 유통기한이란 바로 이런 것이다. 어제의 새로움이 오늘의 새로움이 될 수는 없다는 한계, 몸을 돌려 목과 허리의 통증을 없앴지만 잠시 후 다시 아파온다는 것. 끊임없이 생각하고 혁신해야 하는 이유는 바로 유통기한 때문이다.

자아를 회복하고 그 안의 결핍을 채우려는 의지만 있다면 이노베이션은 누구나 누릴 수 있다. 끊임없이 실천한다는 혁신의 기본을 잊지 않으면 유쾌한 삶을 살 수 있다. 나는 강의를 통해 그 사실을 발견했다.

예술과
외설의 경계는?

자막이 정말 필요한 것일까

추운데 누가 옷좀...

보티첼리와 제프쿤스 : 새로운 시대는 어떻게 오는가?

보티첼리Sandro Botticelli의 〈비너스의 탄생〉이라는 작품을 아는가? 누구나 잘 아는 르네상스 초기의 명화지만 당시 이 작품은 대단히 파격적이었다. 초등학교 교과서에도 실려 있는 세계의 보물이건만 그림이 제작되었을 때는 소위 '음란마귀'가 제대로 활동한 작품이다.

'암흑의 시대'라고 불리는 중세! 인간의 의지는 한 톨도 반영할 수 없고 오로지 신을 위한다는 명분으로 노예처럼 살아야 했던 시대……. 이런 시대에 여성이나 남성의 누드는 인간의 음심을 자극하는 악마적인 것으로 여겨졌고 결코 허락되지 않았다.

"보티첼리의 〈비너스의 탄생〉은 중세의 그림이 아니라 르네상스의 그림이지 않나요?"라고 물을 수도 있다. 물론 중세가 아니라 르네상스 초기라서 그런 그림을 그릴 수도 있었겠지만, 지나간 역사와 문화를 바라볼 때는 상상력을 발휘해야만 진실에 가깝게 유추를 해낼 수 있다.

자, 그럼 상상력을 발휘해 중세의 어느 날로 돌아가보자!

잠에서 깬 보티첼리는 머리가 깨질듯 아프다. 간밤에 마신 술 때문이다.

지난밤에 메디치가의 사람들이 중국에서 가져온 귀한 술을 선물로 들고 찾아왔다. 그러고는 아주 은밀한 부탁을 했다. 여성의 누드화를 그려달라는 것이다. 마을에서 가장 아름다운 아가씨의 얼굴을 주인공으로 해달라며…….

보티첼리는 절대 그럴 수 없다고 단호하게 거절했다. 신이 보고 있기 때문에 그런 그림은 그릴 수 없다고 말했지만 정작 가장 두려운 것은 종교재판이었다. 하지만 최고의 장사꾼들답게 메디치 사람들은 집요하고 치밀하게 밀고 당기기를 했다. 특히 상상할 수도 없는 돈과 안정된 직장은 보티첼리의 마음을 흔들었다.

한동안 멍하니 앉아 있던 보티첼리의 눈에 달력이 들어왔다.

"1484년이라……."

보티첼리는 벌떡 일어났다. 어제까지는 중세였지만 오늘부터는 르네상스 시대다! 어제까지 금지되었던 모든 것들이 오늘부터는 전면 개방되고 허용된다! 그러니 이제부터 여성의 누드 정도는 얼마든지 그려도 되는 것이다.

그 균열로 물이 새어 들어오고 겨울이면 얼고 여름이면 녹고를 반복하다가 결국 쩍 하고 갈라진다. 새로운 시대가 열리는 것이다.

물론 위의 상상은 거짓이다. 르네상스가 달력에 동그라미 쳐놓고 기다려서 온 날이 아니라는 것을 우리는 잘 알고 있다. 그저 하루하루를 살아가는 사람들이 자신들이 살고 있는 시대가 어떻게 불릴지 알 리가 없다. 큰 전쟁이 일어나지 않는다면 우리는 여전히 어제와 같은 오늘과 내일을 살아갈 것이다. 아침에 태양을 보내주고 때마다 비를 내려준 신에게 감사할 것이고 천둥과 벼락이 치는 밤이면 기를 쓰고 마녀들을 사냥하여 신의 분노를 삭이기 위해 노력했을 중세의 사람들에게 오늘이 중세인지 르네상스인지를 구별하는 것은 쉽지 않은 일이다.

우리가 알고 있는 르네상스는 '부활'이라는 뜻을 가지고 있다. 인간성, 인문학, 인본주의 등등 신에 귀속되어 있던 인간들의 자유가 부활했다는 뜻이기도 하지만 진정으로 부활한 것은 '지갑'이었다. 무역을 통해 자본을 관리하고 이윤을 남기게 되면서 아등바등 하루를 연명해야 하는 삶에서 해방되기 시작한 것이다.

부를 축적한 인간들은 눌러놓았던 욕망을 꺼내들기 시작했다. '이만큼 잘살게 해준 신에게 최대한의 성의를 보였으니 이제는 내가 하고 싶은 것 하나쯤은 해도 될 것이다'라는 생각이 고개를 들었던 것이다.

다시 상황을 새로이 상상해보자.

보티첼리는 여전히 종교재판의 두려움을 극복하지 못한 사람 중 하나였다. 그런 그에게 메디치 가의 사람들이 찾아와서 그림을 의뢰했다. 놀랍게도 여성의 누드를 그려달라는 의뢰였다. 게다가 마을에서도 예쁘다고 소문이 자자한 시모네타의 얼굴을 합성해서 그려달라는 게 아닌가! 메디치 사람들은 최고의 대우를 보장해주었다. 엄청난 돈과 고정된 일거리……. 딱히 이런 보상이 아니어도 이 가문과는 좋은 관계를 유지해야만 한다. 피렌체의 최고 실세가 아닌가! 메디치 가에 그림을 납품하는 것만으로도 이미 신분이 보장되는 것이다.

그는 종교재판에 회부되지 않으면서 의뢰받은 그림을 그려내야 하는 과제를 풀어야만 했다. 고민에 고민을 하던 그에게 영감을 준 것은 그리스 신화였다. '비너스의 탄생!' 모든 생명은 옷을 입지 않은 상태로 태어난다. 게다가 그리스 신화의 비너스는 아기의 모습이 아니라 성인의 모습으로 태어났다. 상상 속에 존재하는 여신의 탄생! 완벽하다! 더구나 금지되어 있는 것은 여자와 남자의 누드, 즉 인간의 누드가 아닌가! 비너스는 인간이 아니라 신이다.

그렇다. 완벽한 편법의 탄생! 르네상스가 시작되어서 비너스의 탄생이 가능해진 것이 아니라 인간의 욕망을 표현할 편법이 발명되면서 중세가 끝난 것이다. '그렇다고 세계적인 명화로 인정받는 그림을 포르노그라피로 폄하하는 것은 문제가 있는 것 아닌가?'라고 생각할 수도 있지만 비너스의 탄생은 명백한 포르노그라피의 탄생이었다.

| 〈비너스의 탄생〉. 산드로 보티첼리의 작품. 피렌체 우피치 미술관 소장.

　우리에게는 너무 익숙해져 전혀 자극적이지 않지만 금기시되던 여성의 누드, 그 자체가 당시 사람들에게는 충격이었을 것이다. 머리카락으로 교묘히 가려진 비너스의 음부가 그 증거다. 검열을 피하기 위한 안전장치로 음부를 머리카락으로 가려두었지만 그 머리카락을 자세히 살펴보면 머리카락이 여성의 음부를 다시 표현하고 있다는 것을 알 수 있다. 완전히 눈 가리고 아웅 하는 그림이며 당시 교회와 검열 기관을 완벽히 조롱하는 그림이자 남성들을 음란의 판타지로 몰아넣는 파격적인 그림이었던 것이다.

　이후 예술은 어떻게 되었나? 여신의 누드에 익숙해진 사람들은 진짜 여성의 누드도 별다른 동요 없이 받아들일 수 있게 되었다.

보티첼리의 비너스와 비슷한 일이 20세기에 발생했다. 지금은 세계적인 팝아티스트로 유명한 제프쿤스Jeff Koons의 이야기이다. 1990년대 초 이탈리아에서 재미있는 일이 벌어졌다. 국회의원 선거에 포르노 배우가 출마한 것이다. '치치올리나Elena Anna Staller'라는 여성이었는데 대중적인 인기와 인지도가 높은 포르노 배우였다. 출마 자체만으로도 화제가 되었는데 그녀가 덜컥 당선되었다. 세계적인 이목을 받게 된 치치올리나에게 미국의 무명 조각가였던 제프쿤스가 청혼을 했다. 오래오래 행복하게 잘 살진 않았지만 1년 남짓한 결혼생활 동안 그들의 모든 성생활을 사진으로 찍고 그림으로 그리고 조각으로 만들어서 대형 전시장에서 아주 노골적으로 전시했다.

이 전시에서 제프쿤스는 "그녀는 나에게 인기를 주었고, 나는 그녀에게 고상한 관객을 주었다"고 이야기했다. 음지에서 거래되는 포르노를 예술이라는 명목으로 합법적으로 거래했으며, 많은 사람들이 감상할 수 있는 장소에 저명한 예술품이라는 명목으로 버젓이 전시했다. 마치 500년 전의 〈비너스의 탄생〉처럼……

보티첼리의 비너스의 탄생과 제프쿤스와 치치올리나의 작품은 그 시대 사람들의 의식에 미세한 균열을 만들어냈다는 공통점을 지닌다. 그 균열로 물이 새어 들어오고 겨울이면 얼고 여름이면 녹고를 반복하다가 결국 쩍 하고 갈라진다. 새로운 시대가 열리는 것이다. 새로운 시대는 늘 이렇게 예상치 못한 미세한 균열에서 시작된다.

미술 선생님과 스펜서 튜닉 : 스스로를 사랑하라

몇 해 전, 어느 중학교의 미술 선생님이 자신과 부인의 누드사진을 개인 홈페이지에 올렸다가 시끌벅적 한바탕 소동이 일었다. 학생들은 학교 홈페이지에 링크되어 있던 미술 선생님의 홈페이지에 자연스럽게 들어갔고 어렵지 않게 선생님과 사모님의 누드사진을 보았을 것이다.

충격! 학생들은 경악했고 학부모들을 분노하였다. 아직 성적 정체성이 확립되지 않은 아이들에게 교사가 몹쓸 짓을 했기 때문이다. 미술 선생님은 다음 날 긴급 체포되었고 지루한 법정 싸움이 시작되었다. '동방예의지국에서 그것도 교사가 아이들에게 흉측한 나체를 드러낸 것은 폭력이며 이미지 또한 음란하다!'는 사람들과 '교사이긴 하지만 미술을 전공한 예술가로서의 권리, 즉 표현의 자유를 인정받아야 한다'는 사람들로 양분되어 치열한 논쟁이 일었다.

결국 법은 음란물 유포 죄─학교의 홈페이지에 링크가 걸려 있었기 때문에─를 선언했다. 예술과 외설의 기준마저 국민 스스로 결정하지 못하고 법이 정해줘야 하는 대한민국의 현실을 반영하는 씁쓸한 사건이었다.

흥미로움, 그리고 안타까움이 뒤섞인 시선으로 그 사건을 지켜보던 중, 우연히 해외토픽에서 놀라운 사진을 발견했다. 스펜서 튜닉Spencer Tunick이라는 미국 사진작가의 프로젝트였는데 멕시코의 소꼴라 광장이라는 곳에서 사람들이 누드사진을 찍었다. 무려 2만 명의 사람들이 단체로! 꺄악!

뭐 이런 사람들이 다 있을까? 예술가들이야 원래 그런 사람들이라 생각하더라도 시킨다고 한 2만 명의 사람들은 무슨 정신일까? 대부분 사람들은 작가가 홈페이지에 올려놓은 프로젝트에 자진 신청하여 무보수로 참여한다. 모델비 대신 자신이 나온 사진 한 장을 받아가는데, 경도와 위도를 표시해야 2만 명 안에 있는 내 모습을 설명할 수 있을 것이다.

새벽부터 해질녘까지 이어진 소꼴라 광장의 프로젝트를 상상해보자. 홀라당 옷을 벗고 광장을 꽉 채운 2만 명의 사람들은 스펜서 튜닉의 지시에 따라 새벽부터 이리저리 뒹굴며 사진에 찍힐 것이다. 이것만으로도 민망함이 하늘을 찌를 텐데 촬영이 늦은 시간까지 계속되니, 중간에 점심은 먹어야 하지 않나? 광장 근처에 왔다가 아무 생각 없이 점심을 먹으러 식당에 들어선 사람들은 기겁을 했을 것이다.

목욕탕 사우나에서 옷을 입고 앉아 있는 사람은 비상식이다. 수영장에서의 정장도 비상식이다. 스펜서 튜닉의 프로젝트에 참여한 사람들은 바로 이런 '상식을 뒤엎는 쾌감'을 누린다. 그리고 의복으로 구별되지 않는, 태초의 인간에게 주어졌을 자유를 누린다. 판타지는 가려둔 곳에서 발생한다. 숨기면 숨길수록 내밀한 욕망은 자극을 받고, 결국에는 현기증 나는 판타지를 숭배하는 지경에 이르고 만다.

음란한 것이 아니라 은밀한 것이 우리를 자극한다는 것을 알게 된 순간이었다.

대학교 1학년, 나의 전공은 조소였다. 누구에게나 그렇듯 상상과 현실의 대학생활은 너무도 달랐다. 하지만 이러한 괴리에 잠시나마 회의를 품었던 것을 반성하게 만든 것이 있었으니, 바로 '누드수업'이었다. 다른 전공들은 2학기부터 시작하는 누드수업을 조소과는 1학기부터 했다.

나는 첫 누드모델 수업에 설렘, 불안, 그리고 죄책감(?)에 사로잡혔다. 내 심장 박동소리가 너무 커서 차마 모델을 바라볼 수 없었다. 크로키에서 나는 애먼 의자와 난로만 그렸다. 대략 30분쯤 지난 후부터는 조금 용기를 내서 모델의 뒷모습을 그릴 수 있었고, 어느 정도 익숙해졌다 싶었을 때 드디어 앞모습에 도전을 했다!

그런데 희한하게도 막상 모델을 당당하게 쳐다보며 그려나가기 시작하자 폭발할 것만 같던 심장이 얌전해졌다. 상상만 해온 여성의 나신을 실제로 만나는 순간이었지만 공개된 장소에서, 멀쩡한 듯 그림을 그리고 있는 사람들 속에서 나는 더 이상 아무런 상상도 할 수 없었고, 그렇기에 어떤 떨림도, 자극도 느낄 수 없었다. 음란한 것이 우리를 자극하는 것이 아니라 은밀한 것이 우리를 자극한다는 것을 알게 된 순간이었고, 단 한 번의 수업으로 나는 모델수업의 베테랑이 되었다.

그다음 주 수업시간에 교수님은 모델에게 이렇게 제안하셨다.

"1학년들의 커리큘럼은 흉상, 즉 가슴 윗부분을 만드는 겁니다. 그러니 불편하게 다 벗지 마시고 팬티 정도는 입어도 될 것 같습니다."
모델에 대한 예우였다.

팬티를 입고 의자에 앉아 있는 모델을 보는 순간, 나의 심장은 다시 뜀박질하기 시작했고 나는 거친 호흡을 감추느라 아주 애를 먹었다. 아직도 나는 그녀의 녹색 팬티를 완전히 지우지 못했고 심지어 그때를 생각하면 횡단보도의 신호등 앞에서 가끔 현기증을 느끼기도 한다.

소꼴라 광장에 모인 2만 명의 사람들도 마찬가지였을 것이다. 어색하고 부끄러웠겠지만 머지않아 아무렇지 않게 느껴졌을 것이다. 그리고 인류가 만들어낸 문명을 거슬러 태초의 인간의 모습, 선악과를 먹기 전의 모습을 누렸을 것이다. 자유 말이다.

스스로를 사랑할 수 없는
내려앉은 자존감으로는
다른 사람도 절대
사랑할 수 없다.

다시 미술 선생님 이야기로 돌아와보자. 미술 선생님의 사진이 다소 충격적인 것은 사실이다. 특히 학생들에게는. 그러나 학부모들은 믿고 싶지 않겠지만 중학생쯤 되면 (IT강국 대한민국에서는 초등학생들도) 이미 많은 것을 보고 있고 알고 있으며, 수집하고 소장하고 있다(설마 형식적인 성교육으로 2차성징이 시작된 청소년들의 분기탱천한 에너지를 누를 수 있을 것이라 생각하는 사람은 없겠지). 이미 수준급인 학생들에게 미술 선생님의 사진이 충격적이었던 이유는 '아는 사람'이라서가 아니었을까? 그리고 사진이 너무 생생했다. 진짜 음란한 사진은 그렇게 주인공들의 표정이 생생하게 전달되지 않는다.

도대체 선생님은 왜 그런 사진을 찍어서 분란을 일으켰던 것일까? 사건이 발생하자마자 선생님의 홈페이지를 방문해봤다. 화제의 사진은 사진예술과 관련된 이야기 속에 한 장면으로 등장했다. 사진기의 발명과 초기 누드사진과 그 사진 속 모델들에 대한 이야기, 그리고 세월이 흐르며 달라진 몸에 대한 인식……. 초창기 누드모델들이 자신의 얼굴을 숨기려 했던 것에 반해 대중문화, 대량소비 문화 속의 몸은 그 몸의 주인을 당당히 밝히고 있다는 이야기를 하고 있었다. 사람들이 많이 소비해야만 스타가 될 수 있고 돈을 벌 수 있기 때문이다. 많은 사람들이 신데렐라가 되고 싶어하고 성형, 다이어트 등이 그럴 수 있다고 부추긴다는 이야기를 전하며 마지막 장면에 문제의 사진과 함께 이런 멘트가 쓰여 있었다.

"그럼에도 우리 몸은 신데렐라가 되지 못한다. 그래서 어쨌단 말인가! 우린 이미 사랑스런 존재가 아닌가! 우리 부부처럼."

그래서 어쨌단 말인가! 오프라 윈프리Oprah Winfrey도 이와 비슷한 말을 읊조린 바 있다.

"나는 흑인이고 뚱뚱하고 못생겼다! 그래서 어쩌란 말인가!"

그래서 어쨌고, 어쩌란 말인가!

똑똑 부러질 듯한 초콜릿 모양의 식스팩을 가지면 좋겠지만 그건 너무 큰 욕심인 듯하고 그저 소박하게 왕王 자 정도 만들어보고 싶어서 방학이면 헬스클럽에 등록한다. 석 달치를 결제하면 10퍼센트 할인, 현금으로 계산하면 추가로 5퍼센트가 할인되기 때문이기도 하지만 '석 달은 해야 배에 뭔가 보이지 않을까?' 하는 마음에 덜컥 석 달을 한꺼번에 등록한다. '작심삼일'이라는 말이 괜한 말이 아니었다. 개학을 앞두고 바라본 거울 속에는 목표로 했던 왕王은 흔적도 없고 여전한 왕릉王陵만이 자리 잡고 있다.

그래서 어쨌고, 어쩌란 말인가!

초콜릿 복근을 만들지 못한 의지박약을 탓하며 스스로를 저주하기 시작하면 우리는 우울의 늪에서 헤어나지 못할 것이다. 스스로를 사랑할 수 없는 내려앉은 자존감으로는 다른 사람도 절대 사랑할 수 없다. 어느 누구도 사랑할 수 없는 내가 어떻게 누군가에게 사랑받을 수 있단 말인가!

"그래서 그게 어쨌단 말인가! 우린 이미 사랑스러운 존재 아닌가! 우리 부부처럼!"

이 멘트를 되새기며 사진을 다시 보다가 새삼 사진 속의 사모님이 임신한 상태라는 것이 눈에 들어왔다. 그들은 신데렐라도 아니며 물론 왕자도 아니다. 하지만 그들은 서로를 사랑했기에 소중한 생명을 선물로 받을 수 있었고, 그 사랑의 근본은 스스로를 사랑하는 마음에서 비롯된 게 분명하다.

지구의 다른 편에서 2만 명의 사람들이 모여서 태초의 자유를 누리고 있을 때, 우리는 임신한 부부의 누드 사진 한 장으로 예술과 외설의 경계를 세워야 한다며 난리법석을 떨었다.

알기 쉬운 예술과 외설의 구별법

가족과 함께 볼 수 있으면 예술이다.

혼자만 봐야 한다면 외설이다.

팔짱을 끼고 보면 예술이다.

언제든 모니터를 끌 준비가 돼 있으면 외설이다.

보고 나서 술 한잔 생각나면 예술이다.

술 먹고 나서 생각나면 외설이다.

처음부터 봐야 한다면 예술이다.

중간부터 봐도 된다면 외설이다.

자막이 꼭 필요하면 예술이다.

굳이 자막이 필요 없으면 외설이다.

잠이 오면 예술이다.

밤잠을 설치면 외설이다.

비싼 돈을 지불해도 보고 싶으면 예술이다.

굳이 큰돈 들여서까지 보고 싶지 않으면 외설이다.

예술과 외설을 구분 짓는 것 자체가 우스운 일이다. 예술 안에 외설
스러운 예술과 그렇지 않은 예술이 있을 뿐이다. 여기까지는 예술, 여

기서부터는 외설이라는 이분법적인 기준은 존재할 수 없기 때문이다.

개인의 취향과 타인의 이목이 있을 뿐.

왜 예술가들은
새로움에 미쳐 있을까?

상상하고 실천하면
일상도 예술이 된다

모든 예술은 끊임없이 새로움을 요구한다. 익숙함에서 오는 나른함을 거부하려는 본능도 있지만 멈추지 않고 한 걸음 한 걸음 나아가려는 인류의 진보적 성향 때문이다. 그중에서도 미술은 새로움에 대한 갈망이 더 강렬하다. 백남준, 피카소Pablo Picasso, 마르셀 뒤샹Marcel Duchamp 처럼 새로운 시대를 만들어낸 선구자들의 공통점은 남들이 하지 않은 생각과 행위를 선점해서 원조의 지위를 확보했다는 것이다.

꼭 그런 위대함을 꿈꾸는 예술가가 아니더라도 새로움에 대한 갈망은 인류의 원초적 본능이다. 남들처럼 살고 싶다고들 이야기하지만 그 내면에는 남들보다 행복해지고 싶다는 내밀한 욕망의 목소리가 도사리고 있고, 그런 행복의 실체는 남들과 비슷한 삶이 아니라 남들과 구별되는 삶이다. 그래서 우리는 새로움, 그리고 창의력을 갈망한다.

새로움, 그리고 창의력이 필요하다면 예술의 제작과정을 관찰하는 것이 도움이 된다. 영혼의 구원이나 형언할 수 없는 감성의 떨림 등을 느끼지 못한다 해도 예술이 추구하는 새로움의 방식만 엿볼 수 있어도 삶이 훨씬 풍요로워지기 때문이다.

감각, 기술, 상상, 충동, 쓸모, 뒤집기, 파격, 메시지, 일탈 등의 단어는 미술 속에서 일상적으로 발견되는 창의적인 키워드다. 사람에 따라서는 이것 외에도 더 많은 것을 찾아낼 수 있을 것이다. 이는 당연히 개개인의 몫이지만 가장 중요한 것은 키워드의 발견을 넘어 그 키워드를 내 삶에 적용시키는 것이다.

착시와 착각 : 나는 내가 본 것을 믿을 수 있나?

위 그림은 착시현상을 이야기할 때 많이 이용되는 그림이다. A면과

B면을 비교했을 때, 어느 것이 더 진해 보이는가?

참 바보 같은 질문이다. 명명백백 누가 봐도 A가 진하기 때문이다. 하지만 재미있는 것은 A와 B가 같은 색깔이라는 것이다. 주변 환경에 의해 각기 다르게 인식될 뿐이다. 그런데 이렇게 설명을 해도 도무지 믿기지 않는다. 삼자대면을 해봐야 한다. 'A'와 'B'와 '나!' 이렇게 셋이 만나서 민낯을 보며 이야기해야 정확히 알 수 있다. 그러려면 A면과 B면을 둘러싸고 있는 주변을 지워야 한다. 본질에 대한 착각을 일으킬 수 있는 장신구들을 버리는 것이다. 나를 둘러싼 '어디에 사노?', '아부지 뭐 하시노?', '그 옷 얼마짜린데?' 따위의 편견을 버리는 것이다. 그러고 나면 알게 된다. A와 B가 원래는 같은 색이라는 것을!

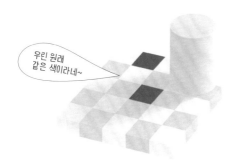

진리를 알아보지 못했다는 자괴감에 빠질 필요는 없다. 이것이 자연스러운 우리 눈(엄밀히 말하면 우리 뇌)이 인식하는 방식이기 때문이

다. 뇌는 심리적 안정을 위해 유리한 방향으로 착각을 유도한다. 문제는 이것을 '진리'라고 인식할 때 발생한다.

시각, 청각, 촉각, 후각, 미각 등 우리의 감각기관으로부터 전달된 정보를 뇌는 왜곡해서 인식한다. 그리고 그것을 진실이라고 믿고 싶어하는 나태함이 관념을 고정시켜버린다. 고정관념, 혹은 편견의 탄생이다.

그렇다고 고정관념이나 편견을 무시해선 곤란하다. 고정관념을 깨기 위해 무턱대고 기존의 것을 부정하면 크나큰 참사가 발생할 수도 있다. 새로운 시도, 남들이 하지 않은 것에 도전하기 위해 오늘부터 횡단보도의 빨간 신호에 길을 건넌다면…… 생각도 하기 싫은 끔찍한 일이 벌어질 것이다.

고정관념의 틀을 깨고 편견을 버리기 전에 반드시 해야 할 일이 있다. 나의 고정관념이 무엇인지 살피는 일이다. 나는 어떤 틀 속에서 살고 있는지, 내 편견은 내게 어떤 역할을 했는지를 알아야 한다. 고정관념과 편견은 창의적인 생각의 출발점이다. '왜?'라는 생각이 고정관념과 편견 덕분에 시작되니 말이다. 이를 들여다보고 생각하기 시작하는 '나'는 소위 '정체성'을 찾을 수 있다.

나의 고정관념이 무엇인지 들여다보았다면 진한 커피 한 잔을 손에 들고 창밖을 보며 중얼거리면 된다.

'깰 것인가? 말 것인가? 이것이 문제로다.'

가끔 공사현장을 둘러쳐놓은 깜빡이 전선을 보면, 이 전선이 어디론가 향해 가고 있는 것 같은 착각이 든다. 가만히 깜빡이의 행진을 따라가다가 문득 다시 돌아오는 '나'를 발견하고는 재미있어 하곤 하는데 이 역시 눈과 뇌의 착각이다. 깜빡이 전선은 말 그대로 그저 교대로 깜빡일 뿐이지만 우리는 그것들이 움직인다고 인식한다. 깜빡이고 있다는 진실은 외면한 채 말이다. 어디론가 움직이고 있다는 낭만적인 생각을 하며 그것이 착각이라는 생각은 잘 안 하려 한다. 자기중심적인 이기적 본능은 내가 본 것, 내가 느낀 것만이 진실이라 우기며 살아가게 만든다. 우리는 이렇게 존재하는 것을 있는 그대로 볼 수 없고, 존재하지 않는 것을 느끼며 살아간다.

미술은 착시현상을 가지고 노는 행위다. 그저 물감이 묻어 있는 것임에도 우리는 꽃으로 착각하고 과일로 착각하고 아름다운 여인으로 착각한다. 물론 이런 착각을 통해 미술의 아름다움을 향유할 수 있지만 우리는 삶 속에서 이를 역으로 이용해서 '진실'을 탐구하는 지혜도 얻을 수 있어야 한다.

매뉴얼에서 벗어나라

재현 또는 모방, 미메시스Mimesis. 옛날 그리스인들은 영혼이 미세한 입자로 이루어져 있다고 믿었다. 이 영혼의 입자가 반죽되어 모든 사물 혹은 사람이 만들어진다고 생각했기 때문에 그림을 그리거나 조각하는 행위는 단순히 형상을 옮겨오는 것이 아니라 그 영혼도 함께 가져오는 것이라고 생각했다. 그렇기에 대상을 똑같이 모방해내는 기술은 예술에서 최고의 덕목이었다.

가령 화가는 토끼를 그것과 똑같이 그려내기 위해 무엇을 했을까? 우선 토끼의 생김새, 털의 방향, 색깔, 그리고 움직임에 따른 근육의 변화 등을 많은 시간 동안 인내를 가지고 관찰할 것이다. 그리고 관찰한 결과를 표현하기 위해 연습한다. 생각과 관념을 명확히 표현해 전달하기 위해서는 그 생각과 관념을 자기 근육 속에 기억시켜야 한다. 언어로 무언가를 전달하려면 논리적인 생각을 해야 하고 다양한 어휘를 익혀야 함은 물론이거니와 말하는 연습 또한 절대적으로 필요하다. 머릿속의 어휘를 정확하게 발음해서 전달할 수 있도록 근육을 발달시켜야 하는 것처럼 수십 장 아니 수백, 수천 장을 연습해서 근육 속에 그림의 기억을 심어놓아야 한다. 운동선수들의 동물적인 운동신경, 그리고 음악가들의 현란한 연주 실력 역시 이와 같은 피눈물 나는 연습의 결과이며 이 과정을 통해 몸으로 표현해내는 능력을 얻게 된다. 그렇게 모진 관찰과 연습의 시간을 견뎌낸 화가는 토끼 자체가 된다. 이제 화가는 토끼로 무엇이든 표현할 수 있게 된다.

인류는 그런 관찰과 연습의 결과로 기술력의 발전을 선물받았고 그 기술력을 바탕으로 문명의 진화를 경험하였다. 그리고 그렇게 쌓인 최첨단 기술력은 예술의 판을 뒤바꾸어버린다. 사진기의 발명으로 대상을 똑같이 모방하는 기술은 더 이상 회화의 최고 덕목일 필요가 없어졌고, 그로 인해 추상미술 등의 새로운 방향으로 다양하게 발전하기 시작했다.

나날이 발전하는 인류의 기술력으로 예술은 완벽하게 완성되는 듯하지만, 그 과정에서 영감을 얻은 예술은 또 다른 방향성과 가능성을 꿈꾼다. 그리고 기술은 그것을 이루기 위해 달려간다. 서로가 서로를 꿈꾸며 영감을 주고받으며 발전하는 것이다.

테크놀로지와 예술의 접목. 대표적인 케이스가 백남준의 비디오 아트이다. 백남준이 처음부터 비디오로 뭔가를 해보려 했던 것은 아니었다. 음악 공부를 위해 독일에 가서 만난 친구들이 그의 삶을 송두리째 바꿔놓았다. 죽은 토끼를 안고 미술을 설명하는 요셉 보이스^{Joseph Beuys}, 4분 33초 동안 피아노 앞에 멍 때리고 앉아 있는 존 케이지_{John Cage} 등은 정형화된 예술의 권위를 파괴하는 파격을 통해 '예술은 미지의 세계를 개척하는 것'이라는 확신을 백남준에게 전해주었다.

TV, 영화 등 대량복사가 가능해진 시대에 백남준의 눈에 아주 거슬리는 권위적인 문장이 눈에 들어왔다.

"자성이 강한 물체를 가까이 대지 마시오!"

'왜?'라는 강한 의문은 강렬한 욕망으로 변했고 그는 결국 굉장히 강력한 자석을 기어이 브라운관에 붙이고야 만다. 브라운관에 자석을 가까이 가져가면 전자파가 자석의 자기장을 따라 움직이며 화면이 일그러져 보인다. 오래 그러고 있으면 결국 TV는 고장이 나고 '이게 얼마짜린데!'라는 엄마의 외침과 함께 집안은 풍비박산이 나고 말 것이다.

하지만 엄마와 함께 독일에 살지 않던 백남준은 마음대로 TV에다 자석을 붙여놓을 수 있었다. 그렇게 우주가 탄생된 이래 아무도 예술로 시도하지 않은 이미지의 노다지를 만난 그는 비디오 아트의 창시자, 선구자, 시발점, 그리고 신화가 되었다.

신기술은 우리의 삶을 풍요롭게도 하고 나태하게도 만든다. 하지만 예술가들에게 새로운 테크놀로지는 새로운 스케치북이며 놀이터다. 새로운 기술로 새롭게 노는 방식은 새로운 패러다임을 제시하며 다시 또 다른 기술을 만들어내는 아이디어로 환원된다.

예술가의 피가 흐르는 인간은 기어이 매뉴얼을 벗어나고 놀랍게도 그러한 시도는 신세계를 발견하게 한다.

상상했다면 실천하라

상상은 예술의 근원이자 우리 문명의 출발이다. 누구나 상상할 수는 있지만 그것을 실현해내려면 엄청난 '의지'가 있어야만 한다. 예술가들은 상상력뿐 아니라 상상력을 실현해내는 '의지' 때문에 사람들에게 존경을 받는다. '표현하지 않은 생각은 생각하지 않은 것이다'라는 말처럼 실행하지 않은 상상 역시 상상하지 않은 것과 같다.

인간은 상상력으로 '허구'의 세계를 만들어냈고 그것을 통해 한계를 극복하며 살아왔다. 그런 상상의 원천에는 불완전한 인간의 몸과 불안정한 자연을 초월하는 존재에 대한 욕망이 있었다. 고통을 이겨내는 불사의 존재! 자연을 마음대로 조종하는 전지전능한 존재! 즉 신에 대한 갈망이 있는 것이다.

그렇게 해서 신화가 탄생되었다. 그리스와 로마의 신화는 워낙 오래된 이야기라서 그 출발을 잘 알 수 없다. 수없이 많은 사람의 입과 입을 통하고 생각과 생각이 더해져 넓고 두꺼운 신들의 세계가 만들어졌다.

그와 비슷하게 현대판 신화도 만들어지고 있다. 바로 슈퍼히어로들이다. 고대의 신화가 인간과 자연 속에서 탄생한 초월의 욕망이라면 현대의 슈퍼히어로들은 인간과 문명 속에서 탄생한 초월의 욕망이다. 인간의 상상력은 언제든 새로운 세계를 창조해낼 수 있다.

초월적 존재에게 부여된 약점과 선악의 모호한 경계는 허구의 상상을 진짜로 착각하게 만든다. 이는 슈퍼히어로가 인간과 다름없는 존재처럼 느껴지도록 만드는 영리한 장치다. 그래도 슈퍼히어로는 인간의 소소한 고뇌 ― '오늘 뭐먹지?' '요즘 기미가 많아졌어', '리모컨은 어디 갔지?'―와는 거리가 먼 삶을 산다.

상상력으로 이들에게 그런 고민을 부여하면 어떨까? 전지전능한 슈퍼히어로들이 나이 들어 죽음을 만나야 한다면 어떤 모습일까? 상상의 공간에 시간이 존재할 리 없겠지만 그것 역시 상상으로 만들어주면 그만이다.

질 바비어Gilles Barbier의 〈슈퍼히어로의 실버타운〉은 무척 재미있는 작품이다. 슈퍼맨은 퇴행성관절염에 걸려 걷기도 힘들다. 헐크는 잔

뜩 화가 나서 녹색으로 변했는데도 몸이 더 이상 커지지 않는다. 인간이라면 누구나 누리는 노화의 특권을 슈퍼히어로들에게도 나누어준 것이다.

우리의 염원인 초월적 히어로를 만들어내는 것도, 그들을 평범한 인간으로 되돌리는 것도 모두 상상의 힘이다.

현실을 뛰어넘는 낭만적 포장

대지 예술가 크리스토Christo Javacheff는 거대한, 아니 상상을 초월하는 포장을 선보인다. 베를린의 국회의사당을 포장했고, 파리의 퐁네프를 포장했으며 거대한 섬을 통째로 포장해버렸다. 돈과 시간만 허락한다면 지구를 통째로 포장할 기세다. 이런 거대한 포장을 어떻게 시작하게 되었을까?

포장이란 누군가에게 전달되는 물건에 행해지고, 이것들은 주로 선물이다. 어느 날 사랑에 빠졌다고 가정해보자! 마음을 전달하기에 내가 가진 어휘가 너무나 보잘것없을 때 우리는 선물을 준비하기도 한다. 내 모든 걸 다 주어도 아깝지 않은 사람에게 간절한 내 마음이 전달되길 바라면서 말이다. 감동은 포장에서 시작된다. 가려져 있기에 기대하게 되며, 전하는 사람의 마음을 상상하게 된다. 상상은 낭만적이다. 현실을 부정하고 현실을 뛰어넘어 어디론가 가고 싶은 마음이 상상인 것이다.

내가 엄청난 부자라고 가정해보자(가정일 뿐이라는 게 서글프지만 그렇다고 치자! 어차피 상상이니까). 그런 내가 어느 날 운명의 사람을 만난 것이다. 특별한 사람에게 특별한 선물을 하고 싶은데 가진 게 돈밖에 없다. 현찰 선물을 가장 선호하는 세상이라지만, 그것은 낭만적이지 않다. 현실적이지 않으면서 내가 가진 것을 뽐낼 수 있어야 낭만적인 것이 된다.

집문서, 땅문서를 곱게 싸서 전달하는 것보다 실제 집과 선산을 포장해버리는 것이 훨씬 낭만적이다. 비현실적인 비용과 인력이 동원되어야겠지만 비현실적일수록 낭만적인 감동은 더 커질 것이다. 숨 가쁜 작업이 다 끝나고 나면 그녀를 불러서 이렇게 말하면 된다.

"하나 둘 셋 하면 눈떠~."

누구나 불가능한 것, 말도 안 되는 것을 상상할 수는 있지만, 그 상상이 위대해지는 순간은 그것을 실행하여 표현해낼 때이다.

충동과 열정 사이

충동은 도무지 이성으로는 설명할 수 없는 세계이다. 이유가 없기 때문에 예측이 불가능하다. 그래서 위험하다. 논리적인 에너지는 동기가 있어야 강력한 추진력을 얻지만 비논리적인 충동의 에너지는 무조건 강열하다.

반 고흐는 충동의 대표적인 인물이다. 지금은 인류의 보물이 되었지만 사실 그가 살던 시대에 그의 그림은 아무도 봐주지 않았고 아무도 사주지 않았다. 그러나 그는 죽어라고 그림을 그려댔다. 그는 원래 성직자가 되려 했었다. 그런데 탄광촌에서 전도사로 활동하던 중, 비루하고 남루한 삶을 살아가는 사람들의 모습을 표현하고 싶은 충동에 사로잡혔고 그 충동을 실현하기 위해 파리로 간다. 하지만 그는 그림을 배우지 못했다. 가난해서 레슨비를 낼 수가 없었고, 재능마저 없던 그에게 그림을 가르쳐줄 사람은 아무도 없었다. 그래도 그림에 대한 그의 충동은 쉽게 사그라지지 않았다. 좋아하는 밀레Jean-François Millet와 같은 화가의 그림을 따라 그리며 혼자서 그림을 그리기 시작했다.

하지만 지름신은 진정한 충동이 아니다. '충동'의 또 다른 이름은 '열정'이기 때문이다.

그 결과 고흐는 세상에 존재하지 않던 그만의 독특한 화풍을 만들어냈지만 당대 사람들에게 고흐의 그림은 엉망진창, 엉터리, 근본 없는 그림으로 인식되었고 쓰레기를 그리는 화가라며 멸시와 조롱을 받았다. 그런데 고흐는 왜 그렇게 홀대받는 그림을 죽어라고 그렸을까?

바로 충동 때문이었다. 누구에게도 인정받지 못하지만 그림을 그리고 싶은 충동을 억누를 수 없었기 때문이다. 그를 외면한 이 세상에서 색과 붓터치만이 유일한 위로와 희망이었을 것이다.

그렇다면 왜 그의 그림이 인류의 보물이 되었을까? 그에게 어떤 특별한 것이라도 있었던 것일까? 그렇다. 특별한 것이 있다. 우리가 죽었다 깨어나도 따라잡지 못할 것이 있다. 바로 '열정'이다. 스스로가 납득하고 만족할 때까지 물감과 붓을 붙들고 씨름했던 열정이 바로 그것이다.

자본주의에서 우리의 열정은 돈으로 거래된다. 이성의 세계를 정답으로 알고, 타인의 눈에 보일 자신의 모습을 생각하느라 정작 자신이 진정 원하는 것이 무엇인지도 모르는 우리들은 언제 충동의 세계를 경험할까? 고작 저질러놓고 수습하느라 허덕이는 '지름신'이 강림했을 때가 유일하지 않을까? 하지만 지름신은 진정한 충동이 아니다. '충동'의 또 다른 이름은 '열정'이기 때문이다.

쓸모 있는 것을 쓸모없게 만드는 것

예술이란 무엇일까? 이 질문에 이것저것 재지 않고 내놓을 수 있는 답은 '아름다움을 통해 감동을 주는 것'쯤일 것이다. 이밖에도 우리의 삶 속에서 간과할 수 없는 정의가 하나 있다.

'쓸모 있는 것을 쓸모없게 만드는 것.'

비행기가 바다에 떨어져 조난됐다고 상상해보자. 굳어 있던 근육이 움직이고 감각이 되살아난다. 고개를 들어 주변을 돌아보니 무인도가 보인다! 비행기는 바다 한가운데 불시착했고 깨진 창문으로 뛰어내린 나는 구사일생으로 살아났다. 하지만 그곳엔 먹을 것도, 입을 것도, 잘 곳도 없다. 남아 있는 거라고는 미술관에 전시하기 위해 싣고 가던 피카소의 그림 한 점이 유일하다.

오! 미술관 먼발치에서 바라보기만 했던 피카소의 그림에 손을 댈 수 있다는 흥분도 잠시, 위대한 인류의 보물인 그 그림은 이곳 무인도에서는 그저 무의미한 사물일 뿐이다. 지금 내게 필요한 것은 오직 추위를 막아줄 옷과 허기를 달래줄 식량과 이슬을 피할 잠자리이다. 생존을 위한 기본적인 요소인 의식주의 관점에서 볼 때, 예술은 참으로 아무 짝에도 쓸모가 없다. 그런데 인간이 하는 이 쓸데없는 행위에 이상한 일이 발생한다.

마르셀 뒤샹의 〈샘〉이라는 작품이 있다. 뒤샹은 화장실의 남자변기를 떼어서 전시장에 가져다두었다. 그 순간 변기는 쓸모를 잃어버린다. 화장실에 있었다면 볼일을 보는 유용한 물건이겠지만 전시장에 등장하는 순간 아무도 거기에 볼일을 볼 수 없다. 이렇듯 예술작업은 쓸모를 없애는 과정이다.

작품에 '여'하지 마시오

　더욱 재미있는 것은 화장실에 있는 변기와 전시장에 있는 변기의 가격이 달라진다는 것이다. 전시장의 변기는 원래의 용도를 잃어버렸는데 가격은 오히려 비싸졌다. 쓸모가 없어졌는데 가격은 올랐다.

　영국의 조각가 위건Willard Wigan은 자신이 알고 있는 가장 작은 공간에 조각을 집어넣었다. 바늘구멍이다. 무슨 오기가 발동해서 그런 건지, 말할 수 없는 질병이 있어서인지 몰라도 예술가들은 남들과 다른 무엇인가에 집착한다. 그 결과 유용한 생활용품인 바늘의 귀 속에 조각을 넣음으로 바늘의 유일한 파트너 '실'이 들어갈 자리를 없애버렸다. 실이 들어갈 수 없는 바늘은 더 이상 원래의 기능인 시침질, 짜깁기 등을 할 수 없게 되어버린다. 실이 들으면 섭섭해할 이야기겠지만 바늘귀 속에 실이 들락날락할 때보다 가격은 상상을 초월할 정도로 높아졌다.

크리스 길모어Chris Gilmore는 포장용 박스를 자르고 붙여서 자동차도 만들고 자전거도 만들고 피아노도 만든다. 포장용 박스는 본래 포장을 위해 태어났고 나중에는 동네 할머니들의 생존에 요긴하게 쓰이기도 한다. 그런데 이런 박스를 자르고 붙여서 원래의 용도를 없애버렸다. 심지어 그렇게 만들어진 자전거에는 절대 올라탈 수 없으며, 비오는 날에는 밖에 내놓지도 못한다. 이 아무짝에 쓸모없는 자전거는 쓸모 있는 박스보다 훨씬 비싼 가격에 판매된다.

쓸모가 없어진 물건을 예술이라는 이름으로, 심지어는 쓸모 있는 물건보다 훨씬 비싸게 거래한다는 것은 인간이 먹고사는 문제 이상의 가치를 추구한다는 증거이다.

뒤집어 새롭게 시도하라

모방을 통한 고전적인 예술 행위로는 인간을 완전히 충족시킬 수 없다. 더 이상 발전할 필요를 느끼지 않는다 해도 누군가는 기어이 혁신을 꾀해 새로운 가치를 만들어내는 것이 인간의 문화이며 기술이다. 타성에 젖은 삶에 의문을 던지는 사람들은 늘 이렇게 이야기한다.

"다른 각도에서 보라!"
"뒤집어서 생각해보라!"
"입장을 바꿔서 생각해보라!"

말은 쉽지만 쉽지만은 않은 생각이다. 가까스로 그런 생각을 한다 해도 행동으로 옮기기는 더욱더 어렵다. 그 어려운 일을 행동으로 옮기고 '우리가 사는 세상을 뒤집으면 새로운 세상을 볼 수 있으며 나아가 세상을 이렇게 바꿀 수 있다'고 이야기하는 사람들이 예술가들이다.

예술사에 이름을 남긴 위대한 인간들의 공통적인 특징은 시대의 대세를 거부하고 뒤집음으로써 새로운 시대를 열었다는 것이다. 매뉴얼대로 살아가지 않고 순리를 무시하고 자신의 의지로 살아가는 인간들이 자신의 이름을 남긴다. 시대에 순응하지 않음으로써 고난과 역경을 겪어야 했지만 그들의 삶은 규칙과 규범을 뒤집는 획기적인 전환점이 되곤 했다.

예술가들은 모든 것을 뒤집기 위해 노력한다. 누구도 가지 않은 길을 걷고 아무도 표현하지 않던 것을 표현해내야 영웅이 되고 스타가 될 수 있음을 알고 있다. 영웅이나 스타까지는 아니더라도 사람들의 관심을 받아야 한다. 그것이 그들의 운명이며 생존방식이며 체질이

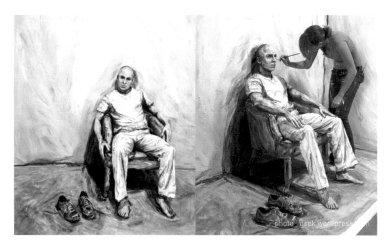

| 알렉사 미드는 실제 인물과 공간에 페인팅을 해서 마치 그림을 그린 듯한 느낌을 주었다.

다. 새로움을 창조해야 한다. 하지만 이 역시 쉬운 일은 아니기에 기존에 있는 것을 뒤집는 시도를 한다. 아무도 뒤집지 않은 것을 뒤집기만 해도 절반은 성공한 것이니.

국내의 모 증권광고에 재미있는 장면이 등장했다. 로댕의 '생각하는 사람'을 회화로 그려놓은 것이다. 엄밀히 말하자면 '생각하는 사람'을 그린 것이 아니라 '생각하는 사람'처럼 포즈를 취하고 있는 사람에게 물감을 바른 것이다. 미국의 화가 알렉사 미드Alexa Meade의 작품인데 그녀는 기존의 회화를 파격적으로 뒤집었다. 전통적으로 화가들은 모델을 눈으로 관찰해 정보를 수집하고 뇌의 작용을 거쳐 형태와 색을 정리하고 정의 내리는 것을 시작으로 작업을 시작한다. 그러고 나면 뇌가 물감과 붓을 든 팔과 온몸에 명령을 내려 이미지를 표현해내도록 한다. 그런데 그녀의 작업에서는 이러한 과정이 뒤집힌다. 화가는 자신의 뇌가 저장해둔 이미지를 현실로 만들기 위해 모델에게 색을 입힌다. 그리고 사진을 찍으면 회화작품이 완성되는 것이다. 심지어 카메라 각도에 따라 다양한 작품이 만들어진다.

세상의 모든 법칙을 부정하고 새로운 질서를 만드는 것만이 혁신은 아니다. 우리에게 보이는 것들, 우리가 만나는 사람, 혹은 사건을 다양한 각도에서 바라보는 능력이 바로 혁신이다.

파격이 상상의 폭을 넓힌다

파격이란 금기를 상상하고 표현할 때 이루어진다. 그렇기에 파격을 만날 때마다 우리는 흥분과 불안을 동시에 느낀다.

데미안 허스트Damien Hirst는 대학교 2학년 때 친구들과 함께 허름한 창고를 빌려 죽음을 소재로 전시회를 개최했다. 죽음이란 많은 예술가들이 다룬 주제지만 허스트의 방식은 파격적이었다. 소를 두 동강내고 그것들을 각각 포름알데히드 용액에 넣어 전시했다. 한쪽 면에서는 온전한 소의 모습을 볼 수 있지만 다른 한쪽에는 우리가 볼 수 없는, 아니 보기 싫어하는 절단된 내장의 모습이 고스란히 드러나 있

photo_ www.juxtapoz.com

| 데미안 허스트는 작품의 동물은 죽지만 죽은 동물은 작품으로 다시 살아난다고 말했다.

다. 예술 이전에 살아 있는 생명을 잔인하게 다룬 그의 작품은 많은 비난을 받았다.

우리는 어떤 방식으로 삶을 유지하는가? 생각해보면 누군가, 혹은 무엇인가의 죽음을 먹고살아가지 않는가? 예쁜 그릇과 향긋한 소스와 감미로운 향기와 잔잔한 음악으로 잔혹한 살육의 현장을 상상하지 못하게 막고 있을 뿐이다. 데미안 허스트의 파격적인 작품은 우리가 외면하고 있던 현실을 자각할 수 있게 해준다.

파격이란 금기가 있기 때문에 가능하다. 금기는 누가 만든 것일까? 어떤 문화인류학자는 구석기와 신석기를 '욕'의 유무로 구분할 수 있다고 말했다. 즉 인간이 도덕적 규범을 만들기 시작하면서 '금기'가 발생했고 '욕'은 금기를 어기는 사람에게 하는 저주이자 내면 깊은 곳의 욕망이기도 하다는 것이다.

생각해서도, 표현해서도 안 되는 것이 밖으로 드러났을 때 우리는 경악한다. 그리고 충격의 시간이 흐른 뒤 깨닫는다. 상상의 폭이 넓어졌음을. 우리가 할 수 있는 것이, 행동할 수 있는 공간이 의외로 많이 있었음을. 혁신이란 끊임없이 파격을 이루어내는 행위다.

예상을 뛰어넘는 일탈을 즐겨라

예술의 모든 순간은 일탈이다. 우리는 일상을 살아내지만 늘 일탈을 꿈꾼다. 어쩌면 일탈이 우리의 진짜 모습일 수도 있다. 매일매일 삼시세끼를 챙겨먹지만 아침, 점심, 저녁 중 한 끼라도 같은 메뉴, 같은 반찬을 반복하지 않으려는 것은 놀이본능을 가진 호모루덴스인 우리가 궁극적으로 일상이 아니라 일탈을 꿈꾸기 때문이다. 반복되는 일탈은 더 이상 일탈이 아니기에 우리는 늘 새로움을 지향한다.

그런데 자본이 승리한 세상에서의 일탈에는 재미있는 법칙이 하나 있는데, 크든 작든 일탈의 행위를 끝낸 뒤에는 일상으로 돌아와야 한다는 것이다. 한때 '람보 게임'이라는 놀이가 유행한 적이 있다. 가위

바위보를 해서 진 사람이 지하철의 객차 문이 열렸다 닫히는 짧은 시간에 안으로 뛰어 들어가서 큰 소리로 "나는 람보다!"를 외치고 객차를 탈출하는 벌칙을 수행하는 놀이다. 객차 안에 앉아 있었던 사람들은 깜짝 놀라고 소리를 지른 사람은 순간적인 '쪽팔림'을 감수해야 하지만 상관없다. 열차는 곧 떠날 것이고 그 짧은 시간에 나를 알아볼 사람은 없을 것이기 때문이다. 그런데 진정한 일탈은 예상치 못한 일이 발생할 때 벌어진다. 탈출하지 못하는 것이다. 신나게 소리 지르고 승객들의 깜짝 놀란 모습을 보며 회심의 미소를 지으며 유유히 사라져야 마땅한데, 생각보다 전철 문이 빨리 닫혀버리면 난감한 상황에 빠진다. 일탈에서 일상으로 돌아오지 못할 때 우리는 난감함에 빠져버린다.

때로 예술 작품 앞에서 난감해지는 이유는 예술가들이 우리 예상을 뛰어넘는 일탈 속에서 살고 있기 때문이다. 삶을 살아내기 위해 우리는 일상을 살아가지만, 그 일상의 대가로 얻은 돈과 시간과 공간을 들여 우리는 내가 가장 좋아하고 내가 행복해지는 일을 선택한다. 그것이 바로 일탈이다.

누구에게 아무런 강요도 받지 않고 누구도 괴롭히지 않는 이 순간의 내 모습이야말로 진짜 '나' 아닐까?! 최소한 일탈의 순간만큼은 가식이 존재하지 않을 테니까! 난감함을, 일탈을 두려워하지 마라. 그 순간 진정한 자신을, 그리고 혁신을 만날 수 있을 것이다.

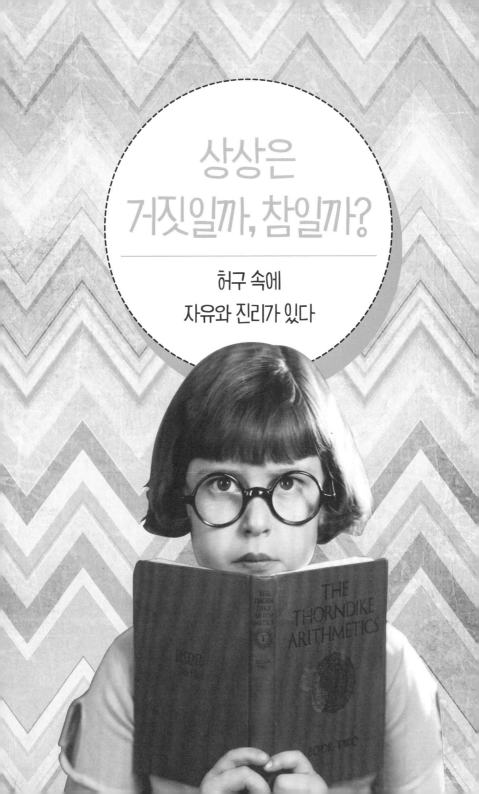

상상은
거짓일까, 참일까?

허구 속에
자유와 진리가 있다

내가 기가 막힌
이야기를 들려주지!

허구와 허위는 무엇이 다를까? 둘 다 상상의 영역에 있지만 무엇인가 차원이 다르다. 허위는 거짓 정보다. 누군가를 음해하거나 심심풀이 가십을 만들어낸다. 하지만 허구는 이야기와 이야기 사이, 이미지와 이미지 사이의 빈 공간을 메워준다. 전설, 동화, 신화(어쩌면 종교마저도) 등은 허구지만 우리의 상상을 문화로 만들어주기 때문에 굳이 시비를 걸지 않는다.

우리는 소통에 부적절한 언어와 문자를 가지고 살아간다. 한글을 배우고 영어를 배우고 받아쓰기를 하는 등 지긋지긋할 정도로 언어교육을 받았지만, 여전히 그녀가 왜 화났는지 알지 못하며 사춘기 아들의 마음을 읽어내지 못한다. 논리와 이성으로 풀지 못하는 수많은 것들이 이 허구의 세계에 담긴다. 그리고 꼬집어 말할 수 없었던 것들에 공감의 위로를 받고 카타르시스를 느낀다.

허위는 화장실에 적힌 "누구랑 누구랑 사귄다!"는 졸렬한 투서지만 허구는 낙서 때문에 시샘을 받아야 했던 그들의 애절한 사랑 이야기를 만들어낸다. 우리가 소설을 사랑하는 이유는 그 허구의 이야기 속에 진리가 담겨 있고, 그 이야기가 진실을 추구하기 때문이다.

흥부는 가난하지만 착하게 살다가 대박이 터져서 팔자를 고쳤다. 놀부는 부유하지만 이기적으로 살다가 쪽박을 차고 인생을 망쳤다. 이것이 우리가 기억하는 흥부와 놀부의 결말이다. 누군가는 이 이야기에서 권선징악을 배울 수 있다고 한다. 그러나 가당치 않은 소리다. 아무리 착하게 산다고 한들 다리 부러진 제비를 만나고, 그 제비가 박씨를 물어다 줄 확률이 얼마나 될까? 우연치 않게 그렇게 된다 해도 박에서 금은보화가 나온다면 이는 분명 생태계를 위협하는 아찔한 일일 것이다.

허구의 이야기에서 진실을 발견하는 유일한 방법은 또 다른 허구의 상상력으로 이야기를 해석해보는 것이다. 그것이 진실에 다가가는 유일한 방법이다. 상상은 상상을 통해 제자리로 돌아올 수 있기 때문이다.

허구로 풀어보는 흥부와 놀부 이야기

우리는 왜 형제인 흥부와 놀부가 그토록 다른 삶을 살아야 했는지, 그리고 놀부가 왜 패가망신했는지에 관해 실질적이고 객관적으로 생각해볼 필요가 있다. 꽤 많은 재산을 남겨준 것으로 보아 그들의 부모님은 어떻게 세상을 살아야 하는지를 잘 아는 분들이었을 것이다. 그렇기에 재산을 물려받을 장남인 놀부를 단호하고 엄격하게 교육했을 것이다. 반면 둘째인 흥부에게는 조금은 너그럽고 인자하게 대했을 가능성이 있다. 재산을 모으고 삶의 기반을 잡는 동안 느끼고 누리지 못했던 자식의 재롱에 뒤늦게 빠졌을 수도 있다. 이는 훗날 놀부와 흥부의 생활력에서 유추해낼 수 있는 부분이다.

성장하는 아이들에게는 부모의 사랑이 절대적으로 필요하다. 얼마나 많은 재산을 상속받을지를 모르는 상태에서 엄격한 교육을 받던 놀부는 부모의 사랑을 독차지하는 동생 흥부가 무척 부러웠을 것이고, 그 부러움은 질투를 유발하고 나아가 동생을 박해하는 무의식의 빌미가 되었을 것이다.

논리적이고 이성적인 놀부, 그리고 감성적이고 낭만적인 흥부! 비극은 여기에서부터 시작된다. 공존할 수 없는 두 가지 성향. 하지만 그것만으로는 행동에 대한 설명이 좀 부족해보인다. 동생을 놀부는 왜 그렇게도 구박했을까? 또 형수는 무슨 감정 있기에 시동생을 주걱으로 때리며 멸시했을까? 일부 놀부 옹호론자들은 흥부에게 세상을 가르치기 위해서였다고 하지만 나는 좀 다른 시각으로 바라보고 싶다. 그들에게는 상처가 있었다. 아주 아픈 사랑의 상처가.

놀부와 흥부는 한 여인을 동시에 사랑했다. 그 둘은 한 치의 물러섬도 없었다. 세상 모든 것을 포기해도 이 여인만은 양보할 수 없었다. 섹시한 초승달을 바라보며 놀부는 흥부에게 이야기했다. "네가 그녀를 사랑하는 마음은 알겠지만 나는 그녀를 행복하게 해줄 수 있다. 그녀의 행복을 바란다면 네가 양보해라." 하지만 감성적인 흥부는 이를 받아들일 수 없었고 결국 결정은 여인에게 맡겨졌다. 세상을 잘 몰랐던 당시 16세의 여인은 세상의 모진 풍파에 무감각했고 사랑이라는 낭만적인 감성을 신뢰하며 흥부를 선택했다. 비틀린 사랑 때문에 결국 놀부는 흥부에 대한 콤플렉스가 생겼고 이는 동생에 대한 증오로 표출되었다. 흥부와 그 여인은 너무너무 사랑했다. 끼니조차 때울 수 없는 상황이었음에도 아이들을 바글바글 낳은 것으로 미루어 그 불같은 사랑을 짐작할 수 있다.

그런데 형수는 왜 흥부를 미워하는가? 놀부의 부인이 된 여자, 형수는 사실 흥부를 사랑했었다. 그녀는 돈과 권력이 있는 집의 규수였었고, 돈과 권력으로 끊임없이 흥부에게 대시했지만 이미 사랑에 빠진 흥부에게 물질의 유혹은 씨알도 먹히지 않았다.

결국 사랑의 전쟁에서 패배한 놀부와 형수는 불타는 질투심과 동병상련으로 공감대를 형성하고, 술 한잔으로 서로를 위로하다가 홧김에 사고(?)를 치고 만다. 사랑이 없는 육체의 쾌락은 공허하지만 그날 밤 일로 인해 그녀는 놀부의 아이를 가졌다. 차라리 잘됐다는 마음으로 그들은 결혼했고, 그때부터 놀부와 놀부 마누라의 흥부 괴롭히기가 본격적으로 시작된 것이다.

다소 무리한 설정인 듯싶지만(요런 무리한 설정이 흥행에는 성공한다) 다산多產이 사회의 덕목이던 시절에 놀부의 자식이 한 명뿐이었던 것으로 미루어 그들 부부의 금슬이 좋지 않았던 것을 짐작할 수 있다. 조금 더 나가보자.

흥부와 놀부의 부모님은 흥부에게도 일정 몫의 재산을 남겨주려 했다. 하지만 놀부와 형수는 온갖 감언이설과 모략을 펼쳤고 결국 흥부는 부모님께 모든 신뢰를 잃었다. 결혼마저도 놀부 내외의 이간질로 부모님의 반대에 부딪힌다.

흥부의 부모님은 결혼 승낙을 받으러 온 흥부에게 이야기한다. "미천한 것, 근본이 없는 것과 결혼한다면 너에게 주려 했던 재산을 놀부에게만 주겠다!"고. 흥부는 잠시도 갈등하지 않았다. 그의 선택은 '오직 사랑'이었다. 자신 때문에 흥부가 곤란해졌다고 느낀 여인은 헤어지자며 울며 도망가려 했지만 흥부는 그녀의 손을 자신의 가슴에 대고 "이 안에 임자가 있어!"라고 이야기하지 않았을까?

그렇게 흥부의 삶은 험난하게 전개되었다. 그런데 이 동화의 마지

막에 가서 대 역전극이 펼쳐진다. 바로 제비가 물어다 준 '대박' 사건
이다. 이 부분은 모든 어린이들이 열광한 이 이야기의 하이라이트이
다. 이 대목은 아무리 억울하고 힘들어도 조용히 뺨에 붙은 밥풀에 감
사하며 살아가면 언젠가 하늘에서 큰 돈벼락을 내린다는 '필라멘트
없는 전구'와 같은 공허한 희망을 가르치는 듯하다.

많은 동화들의 주된 주제는 '권선징악'이다. 하지만 무엇이 옳고 그
른지 알 수 없는 혼란의 시대에 '권선징악'은 자칫 '권부징빈勸富懲貧'으
로 이해될 수 있다. 사실 우리는 놀부의 삶을 혐오하지 못한다. 구걸
하며 힘들게 살아가는 흥부의 삶보다는 쉽게 물려받은 재산으로 유유
자적 살아가는 놀부의 삶을 동경한다. 이 동화의 마지막 부분을 고쳤
으면 좋겠다.

흥부는 그의 성실함과 가족들의 화합과 사랑으로 불모지를 개간한
다(불모지가 자꾸 재개발지역에 선정되는 유혹을 받지만 참으며). 모두들
불가능하다고 여겼던 자갈밭을 기름진 땅으로 변화시킨다. 물론 순
식간에 되는 일은 아니었다. 흥부의 평생을 바쳐야 했고, 마지막 숨을
거두기 직전 자신의 밭에서 비로소 얻은 첫 수확물인 둥그렇고 커다
란 박을 보며 미소 지으며 '이 박을 형님과 형수께 드리라'고 이야기
한다.

지독한 이기심으로 사람들에게 외면당하는 놀부의 삶은 결국 정신
질환으로 이어지지만 흥부가 죽으면서 형님에게 남긴 커다란 박을 보

흥부와 놀부에 대한 또 다른 의문

흥부는 제비가 물어다 준 박씨로 인해
비극적 종말을 맞을 수 있다. _건축과 학생 의견

엄청난 크기의 박 속에는 금은보화가 가득 들어 있었다. 동전이 가득
든 돼지저금통의 무게를 생각해보면 이 박의 무게는 상당했을 것이고
이런 박이 흥부의 초가집에 주렁주렁 열렸다면 지붕이 붕괴될 가능성
이 매우 크다.
물질만능, 일확천금, 인생 한 방 등에 경종을 울리는 내용이 될 수도.

놀부의 박 속에는 얼마나 많은 양의
'똥'이 들어갈 수 있을까? _취사병 출신의 공대 학생 의견

정확한 박의 크기를 가늠하기는 힘들겠지만 대략 지름 1미터 정도의
박이라고 생각하고, 성인 한 명이 1회 배출하는 변의 양을 500그램으
로 잡았을 때, 대략 3,000명분의 '똥'이 들어갈 수 있다고 한다.
놀부는 똥이 든 박에서 '정화조'의 개념을 발견할 수 있지 않을까?
놀부의 성공 이면에는 위기를 기회로 만드는 역발상과 도전정신이 있
으므로 많은 사람들에게 귀감이 될 수 있을 것이다.

막장 드라마가
따로 없구만!

고 놀부는 자신의 욕심과 이기심을 반성하고 흥부와 진정한 화해를 하고 순수로 돌아갔으면 한다.

'흥부와 놀부의 대박과 쪽박'은 제비가 박을 물어다 줄 리 없다는 것을 잘 알고 있는 어른들의 삶을 정화시켜주지 못한다.

허구는 상상의 영역이지만 그 안에는 무한한 자유와 진리가 존재한다. 상상하고 뒤집는 순간, 이야기 속에서 또 다른 무수한 이야기가 펼쳐질 수 있다. 혁신의 순간은 그렇게 다양한 이야기를 상상하고 만들어낼 때 찾아온다.

욕심 없는 게
죄인가요?

생각 없이 사는 게
가장 큰 죄다

12

삐리삐리~
나는 뇌가 없다네~

"욕심 없는 게 죄인가요?"

어떤 여고생이 물었다.

"저희 부모님께서는 뭐든 열심히 하지 않는 저를 타박하시며 욕심을 좀 가지라고 하세요. 그런데 아무리 하려 해도 그것들(아마도 공부로 추정된다)에 대한 욕심이 나지 않아요. 욕심 없는 게 죄인가요?"

그 학생의 질문은 오랫동안 머릿속을 맴돌았다. '욕심이 죄를 낳고 죄의 값은 사망'이라는 무시무시한 성경 말씀에 따르면 욕심을 가지면 죄를 지을 확률이 높아진다. 그러므로 욕심이 없으면 죄를 지을 확률이 낮아질 것이다. 그런데 왜 학생의 부모님은 죄의 확률을 높이려는 것일까?

그 학생의 어머니가 말하는 욕심은 욕망과 탐욕을 위한 것이 아니었을 것이다. 사랑하는 자녀가 삶과 미래에 대한 애착을 보이지 않는 것, 즉 무기력을 타박했을 것이다. 무기력이란 가난을 벗어난 세대, 온갖 고생을 했던 부모님 세대 이후의 젊은이들에게 간간이 보이는 현상이다. 가난과 무지에서 벗어나기 위해 발버둥쳤던 부모님들은 혀를 찰 노릇일 것이다. '우리 땐 안 그랬는데…….'

먹을 쌀이 부족했고, 입을 옷이 부족했고, 놀 시간이 부족했던 결핍의 시대에는 그 결핍을 채우기 위해 악착같이 삶에 매달렸다. 그렇게 시간을 견뎌낸 덕분에 우리가 지금의 풍요를 누리고 있는 것이 사실이다. 부모 세대는 그런 고통의 시간을 되풀이하지 않기 위해 자녀와 후배에게 강요한다. "모든 고생은 내가 했으니 너는 이것만 하면 된다!"며 결핍 없는 최상의 환경을 제공하려 노력한다. 그 결과 자녀들은 결핍이 없는 완벽한 환경을 제공받았지만 이 완벽함 때문에 경험할 수 없게 된 것이 있으니, 아이러니하게도 '결핍' 그 자체다.

결핍이 결핍된 상황. 그런 학생들에게 자발적인 참여를 유도하고 동기를 부여하기 위해 평소 좋아하는 일이나 행복한 순간에 대해 물어본다. 하지만 그들은 이미 알고 있다. 질문에 능동적으로 대답하는 순간부터 자신의 행복을 스스로 만들어가기 위해 귀찮은 일을 시작해야 한다는 것을. 잘 먹고 잘사는 법을 배우지만 그들이 가장 행복한 순간은 사실 부모에게 모든 것을 제공받는 지금이라는 것을 잘 알고 있다.

어떻게 하면 무기력한 그들에게서 의욕을 *끄집어낼* 수 있을까? 고민해보지만 '사실 나도 뭐 대단한 의욕을 가지고 살고 있는 건 아니잖나?'라는 반문에 생각이 막혀버린다. 많은 사람이 열심히 살아간다. 뜨겁게 사랑하고 화끈하게 싸우며 열심히 일하고 죽어라고 먹고 마시고 치열하게 아이를 키우며 헐떡이며 대출금을 갚아나간다. 그렇게 분주히 살아간다는 것 자체가 꽤나 의욕적으로 보이기도 한다. 그런데 정말 그런 것일까? 의욕적인 사람들이 분주한 삶을 사는 것은 사실이지만 분주한 삶이 반드시 의욕적인 것은 아니다.

부모들은 우리 아이들이 (남들보다) 더 좋은 대학 가고 (남들보다) 더 좋은 직장 가서 (남들보다) 더 많은 연봉으로 (남들보다) 더 좋은 집 사고 (남들보다) 더 좋은 차 사서, (남들보다) 떵떵거리며 살기를 바라는 마음으로 이렇게 힘들게 허덕이며 산다고들 말한다. 하지만 이런 상대적 가치의 동기부여로는 무기력을 이겨낼 수 없다. 이런 목표는 오히려 더 허무를 유발할 수 있다.

목적 없는 노력은 스스로를 생각 없는 일개미로 만들어버린다

"욕심 없는 게 죄인가요?"라고 물었던 학생은 자신의 가치와 가능성을 발견해야 한다. "행복은 성적순이 아니라 적성 순이다!"라는 말이 있다. 100퍼센트 공감하지만 내 자식이 언제 적성을 만날 수 있을지 알 수가 없다. 그리고 그 적성이 돈 버는 일과 관련 없다면 더 큰일이다. 혹시 내 아이가 나처럼 살까 봐 더욱 불안하다.

한 치 앞을 볼 수 없다는 불안함, 미래에 대한 막연한 두려움을 덜어내기 위해 우리는 마치 보험을 들 듯 다양한 경우의 수에 대비하려 한다. 어떻게든 좋은 학벌을 갖기 위해 노력하고, 언제 어디에 쓰일지 모를 각종 자격증을 취득하고, 각종 공모전에서 경력을 쌓고, 영어 점수를 높이며, 학점을 관리하느라 정신이 없다. 물론 필요한 일이다! 삶을 살아내는 아주 유용한 도구가 될 수 있기 때문이다. 하지만 목적 없는 노력은 스스로를 생각 없는 일개미로 만들어버린다는 것을 잊지 말아야 한다.

생각 없는 욕심은 스스로의 존엄을 무시하는 죄나 마찬가지다. 그렇다면 차라리 욕심 없는 것이 더 낫지 않을까? 하지만 무소유 정신을 통달하지 않고서야 그러기는 쉽지 않다. 욕심 없이 살아간다는 것이 자신의 현 상태에 대한 합리화와 최면이 될 수도 있기 때문이다. 중요한 것은 의욕의 유무가 아니라 의욕의 대상이다.

2차 세계대전이 끝난 후, 이스라엘은 유태인 학살의 주요 인물이었고 나치 정권의 핵심이었던 아이히만Karl Adolf Eichmann을 체포하는 데 성공했다. 그는 유럽의 수백만 유태인들을 체포하여 강제로 이주시켰으며 아우슈비츠의 유태인 학살을 결정했던 주요 전범이었다. 자신의 신분을 철저하게 세탁하고 아르헨티나에서 숨어 지냈으나 이스라엘은 그를 기어이 찾아내어 재판장에 세웠다. 그의 재판은 전쟁의 광기

에 싸웠던 '악마'를 심판하는 세기의 재판이 되었으며 전 세계에 중계되었다.

하지만 그는 자신에게는 죄가 없다고 주장했다. 전쟁과 상관없이 군인으로서 자신은 상부의 명령을 근면하고 성실하게 수행해야 했으며, 때문에 죄가 있다면 근면하고 성실했던 자신의 삶이 아니라 유태인 학살을 명령한 나치 정부와 히틀러_{Adolf Hitler}에게 있다는 것이다.

'근면하고 성실하라!'

전 인류가 자식들에게 강조하고 강요하는 내용이지 않은가! 당시의 이스라엘뿐 아니라 재판을 지켜보고 있던 세계는 당황하지 않을 수 없었다. 그는 악마도 아니었으며 세계정복을 꿈꾸는 미치광이도 아니었다. 그저 근면하게 자신의 일을 한 성실한 공무원이었다.

재판과 아이히만을 세심하게 관찰했던 정치 철학자 한나 아렌트_{Hannah Arendt}는 이렇게 결론을 내렸다. "근면함은 결코 죄가 아니다. 다만 자신의 행위가 어떤 결과를 가져올지 상상하지 못하는 것, 즉 생각 없이 사는 것은 죄가 될 수 있다. 악은 너무나 평범한 것이기 때문이다."

그는 어리석지 않았다. 그로 하여금 그 시대의 엄청난 범죄자들 가운데 한 사람이 되게 한 것은 (결코 어리석음과 동일한 것이 아닌) 순전한 무사유 sheer thoughtlessness였다.

_한나 아렌트, 《예루살렘의 아이히만》 중에서

"욕심 없는 삶이 죄가 될까요?"라는 질문을 다시 만난다면 나는 동문서답을 할 것 같다.

"글쎄요. 생각 없이 사는 것이 죄입니다"라고.

네가 진짜로
원하는 게 뭐야?

지금에 최선을 다해야
나중에도 후회가 없다

요즘 초중고교에서는 다양한 직업의 세계를 학생들에게 보여주기 위해 각계각층의 직업인을 초청한다. 일찍부터 많은 직업을 체험하면 보다 빨리 삶에 집중할 수 있고 세월을 낭비하지 않을 거라는 마음에서일 것이다. 적잖은 비용을 들여 다양한 직업을 체험하게 하는 놀이공원(이게 놀이가 맞나?)에 아이들을 보내는 부모들도 심심찮게 보인다.

틀린 건 아니다. 다만 과열되고 조급한 마음이 문제일 뿐이다. 우연한 기회에 쇼핑호스트, 스튜어디스, 배우를 꿈꾸는 친구들을 만났다. 이런저런 이야기를 나누던 중 그 친구들의 진짜 고민을 듣게 되었다. 그들은 '꿈을 이루기 위해서 많은 노력을 하고 있는데 만약 꿈이 변하면 어떡하지? 자신이 생각했던 것과 현실이 다르면 어떡하지?'라고 고민하고 있었다.

수많은 직업군 속에서 몇 가지 하고 싶은 일을 골라서 부모님께 조언을 구하면 부모님들은 그 직업 중에서 가장 안정적인 방향인 공무원을 추천한다. 그리고 굳은 다짐을 받아낸다. "네가 선택한 일을 할 수 있도록 우리가 물심양면으로 밀어줄 테니까 너는 좌로도 우로도 치우치지 말고 오직 이 길로만 가야 한다!" 부모의 기대와 강요된 다짐은 자신이 선택한 길에서 벗어나지 않고 정진해야 하는 이유는 되지만 확신이 되지는 않는다.

모든 일이 확신과 함께 시작된다면 우리에게 불행이나 후회는 존재하지 않을 것이다. 삶을 돌아보면 확신과 함께했던 순간보다는 두려움과 우려 속에 조심스러웠던 순간이 더 많다. '지금의 나는 과연 확신을 갖고 살아가고 있는 걸까?' 그 소녀들을 보다가 한 치 앞도 보이지 않던 나의 청춘이 생각났다.

나는 하고 싶은 일이 있나?
내가 할 수 있는 일은 뭘까?
나는 무얼 위해서
일해야 할까?

내가 대학을 졸업했던 1997년의 대한민국은 IMF라는 초유의 사태를 맞이했고, 조만간 나라가 망할 것 같은 분위기였으며 그때를 기점으로 우리의 삶은 아주 치열해져 버렸다. 준비된 사람들도 살아남기 힘든 시절, 미술한답시고 현실을 무시하고 마치 이미 예술가가 된 양 착각하고 살다가 맞이한 졸업과 IMF. 길은 보이지 않았고 막막함에 한숨만 쉬던 때, 나는 그제야 비로소 스스로에게 질문해보았다.

"조각을 전공한 네가 잘할 수 있는 일이 뭐냐?"

손발이 오그라들고 낯이 뜨거워졌지만 막막한 마음을 달래려 마셨던 술 한잔의 힘을 빌려서 거울 속의 나에게 질문을 던졌다. 스스로에게 돌아온 대답은 의외로 간단했다.

"나는 무거운 물건을 잘 나를 수 있다!"

조각은 다양한 재료를 사용하여(나무, 돌, 철근, 콘크리트 등등) 조형적 덩어리로 예술적 영감을 표현하는 작업이다. 그리고 작품 제작만큼 중요한 것이 작품의 운반이다. 심혈을 기울여 만든 작품이 파손되지 않도록 전시 장소까지 옮겨야 작업이 진정으로 완성된다. 어느새 나는 무거운 작품을 잘 옮기는 사람이 되어 있었던 것이다.

그렇다면 결론은 간단하다. 짐을 나르는 직업을 가지면 된다. 하지만 대학 나와서 막노동을 한다고 주변 사람들에게 이야기할 용기가 나지 않았다. 지금이야 사랑하는 사람들을 위해서는 남을 해치는 일이 아니라면 무슨 일이라도 할 수 있다는 마음가짐이지만 당시 나는 내가 주체가 된 삶이 아니라 다른 사람들의 시선을 의식하는 삶을 살았다.

대학원 진학을 결심했다. 도망치기로 마음먹은 것이다. 지금까지 해왔던 조각을 버리기엔 아깝다는 생각도 들었고, 2년 정도 대학원에 숨어 지내고 있으면 IMF도 끝나지 않을까 하는 생각도 있었다. 그러나 2년의 시간은 그리 길지 않았으며 심지어 IMF도 끝나지 않았다. 아니, 그때부터 우리는 삶의 체질을 무한경쟁으로 바꾸어야 했다.

마음이 갑갑해지니 선배들이 생각났다. 나와 비슷한 고민을 했을 선배들, 그들은 어떻게 살고 있을까? 막연하고 막막한 마음에 선배들을 방문했다.

풀리지 않는 문제의 답을 얻고 싶다면 비슷한 문제를 경험했던 사람들을 찾는 것이 도움이 된다. 그들이 투쟁했던 과정 속에 내가 간절히 찾는 것의 실마리가 있을 가능성이 높기 때문이다. 늘 술병을 끼고 조만간 죽을 사람같이 담배를 피워대며 자신의 작품 앞에서 항상 괴로워했던 선배가 보고 싶었다. 수소문 끝에 찾아낸 선배 앞에서 넋두리를 시작했다.

"대학원까지 나왔지만 살아갈 길은 막막하네요. 형님은 어떻게 살고 계십니까? 아직도 조각가의 길을 걷고 계신가요? 밥은 먹고사시나요? 작품은 잘 팔리나요? 돈은 어떻게 벌어야 하죠?"

선배는 살짝 미소 지으며 대답했다.

"사는 거 별거 없어! 좋아하는 거 하면서 살면 되지!"

하지만 내게는 충분한 대답이 아니었다. 조금 더 집요하게 묻기 시작했다.

"형님은 좋아하는 일 하면서 살고 있나요?"

선배는 잠시 머뭇거리다 이야기했다.

"나는 돌 공장에서 일하고 있다."

"돌 공장이요? 거긴 어떤 곳인가요?"

"음…… 거긴…… 빌딩 앞에 세우는 조형물을 만드는 일을 하기도 하지만 그런 일은 1년에 한두 번 있을까 말까 하고 평소에는 건물 바닥재를 만들기도 하고 때론 묘비를 만들기도 하지."

선배의 답이 끝나자마자 나는 따지듯 되물었다.

"아니, 남의 묘지에 비석 만드는 일이 형님이 좋아하는 일인가요? 학창시절 그렇게 심오한 예술가 흉내를 낸 게 고작 비석 때문인 겁니까?!"

나와 별반 다를 것 없는 선배의 삶이 확인되자 나도 모르게 짜증이 밀려왔다. 선배는 뜬금없는 나의 짜증에 깊이 들이마신 담배연기를 내 얼굴에 훅 뿜으며 말했다.

"예술은 그런 거다!"

"……?"

무슨 말인지는 모르겠지만 뭔가 있어 보였다. 그래서 무슨 말인지 설명해달라고 졸라대기 시작했다.

"너희 집 재벌이냐?" 선배가 다짜고짜 가정환경을 조사한다.

"아뇨!"

"그럼 네가 천재라고 생각하냐?"

"그렇지도 않아요."

"천재도, 재벌 2세도 아닌 사람이 자신의 꿈을 이루기 위해서 할 수 있는 일이 뭐가 있을까? 아니, 그 전에 꿈꾸는 일이라는 게 있기나 하냐?" 선배는 나를 다그치듯 말했다.

내가 꿈꾸는 일? 구체적인 꿈이 있어서 대학을 간 것도 아니고 역사적 사명이 있어서 대학원에 진학한 것도 아닌지라 "꿈이 있냐?"는 선배의 질문은 꽤나 당혹스러웠다. 머뭇거리는 나를 보며 선배는 말을 이었다.

"사람들이 살아가는 방식을 가만히 들여다보면 세 가지 유형이 있어. 하고 싶은 일을 하고 살아가는 사람, 할 수 있는 일을 하며 살아가는 사람, 그리고 해야만 하는 일을 하고 사는 사람……."

'하고 싶은 일을 하고 사는 사람'은 꿈을 이룬 사람이거나 꿈꾸던 일을 하며 살아가는 사람을 이야기한다. 꿈을 가진 사람은 역경을 만날 수는 있지만 결코 불행해하지 않을 것이다.

'할 수 있는 일을 하고 사는 사람'은 자신의 재능과 관련된 일을 하는 사람이다. 꿈꾸던 일이 아닐지라도 자신의 재능을 발견하고 그 재능을 통해서 자신을 알아가는 일. 누구나 다른 사람과 구별되는 재능을 가지고 있지만 그것을 발견하여 자신의 삶을 통해 구현해나가는 사람은 흔치 않다.

마지막으로 '해야만 하는 일을 하는 사람'이란 꿈꾸던 일도 아니며 자신의 재능과도 관련 없는 일을 해야 하지만, 살기 위해서 혹은 사랑하는 가족을 책임지기 위해서 자신의 자아와 정체성을 희생시키며 하루하루 살아가는 사람들이다. 주말만이 유일한 낙이며 세상에서 가장 끔찍한 요일이 월요일인 사람들. 생각해보면 참 많은 사람들이 그렇게 살고 있지 않은가!?

"하고 싶은 일만 하고 산다면 행복할 거야, 그리고 자신의 재능을 발견하여 할 수 있는 일을 하며 살아가면 돈도 잘 벌겠지. 하지만 하고 싶은 일과 할 수 있는 일만 하고 사는 사람들이 과연 몇이나 될까? 많은 사람들이 하기 싫어도 재능과 적성에 맞지 않아도 살아가기 위해 해야만 하는 일을 하고 살아. 나 역시 꾸역꾸역 살아가지만 그래도 나는 하고 싶은 일이 있다! 남의 무덤에 묘비를 만드는 일도 하지만 그렇게 번 돈으로 삶을 살아내고 내가 하고 싶은 작업도 하지. 언젠가 사람들이 내 작품 속에서 내 삶의 흔적을 읽어낼 수 있지 않을까? 꿈을 꾸는 순간부터 삶의 역경은 꿈을 이루는 과정이 되고, 꿈을 이루는 순간 그 모든 역경은 나만의 이야기가 되는 거니까."

정신이, 아니 마음이 아득해지는 느낌이었다. 내가 그때까지 해왔던 일은 공식적으로는 대부분 공부하는 일이었다. 초중고를 거쳐 대학을 가고 대학원을 가고. 그런데 그 행위가 어디로 향하고 있는지 무얼 위한 것인지 고민한 적이 없었다. 남들이 다 가니까 대학에 갔고, 갈 곳이 없어서 대학원에 갔다.

나는 하고 싶은 일이 있나? 내가 할 수 있는 일은 뭘까? 나는 무얼

위해서 일을 해야만 할까?

행복하고 즐겁게 살고 싶지만 삶의 과정은 늘 순탄치 않다. 그 순탄치 않은 삶 속에서 예술 하겠다고 살아가는 사람들이 안쓰럽기도 하지만 그래도 그들은 꿈을 꾸고 꿈을 이루려 달려가고 있으니 행복한 것 아닐까? 아무리 현실이 비루하고 고달프다고 해도, 재능과 적성에 맞지 않는 일을 하며 살아간다 해도, 꿈을 갖고 살아가는 삶이란 이미 행복한 삶 아닐까? 어쩌면 이미 꿈을 이룬 사람보다도 행복하지 않을까? 예술이 그렇듯이 삶 역시 그런 것이 아닐까?

나는 선배에게 물어봤다. 혹시 공장에 일자리 있는지. 선배는 마침 돌에 광을 내는 일을 하는 사람이 며칠 전 그만둬서 사람이 필요하다고 했고, 나는 다음 날부터 바로 출근할 수 있었다. 그리고 알게 되었다. 왜 광내는 사람이 그만뒀는지를. 꺅!

우리는 우리에게 주어진 오늘을 위해 최선을 다해야 한다. 그래야만 그 속에서 '소망'이 발생하기 때문이다. 그 소망은 직업일 수도 있지만 또 다른 형이상학적인 것일 수도 있고, 낭만이나 몽상일 수도 있다. 최선을 다한 하루하루가 나의 삶을 만들고, 나의 생각을 만들고, 나의 꿈을 만든다.

꿈이, 혹은 적성이 바뀔까 봐 두려워하는 소녀들에게 이야기해주었다. 꿈은 변할 수 있다. 적성은 조급해할수록 숨는다. 우선 시작한 일에 최선을 다하자! 그곳에 원하는 것이 없다면, 아니면 원하는 곳이 아니었다면 다시 방향을 돌리면 된다. 지금까지 걸어온 시간과 비용이 아깝다는 생각이 들 수 있겠지만 그 비용마저도 나의 최종 목적지를 위한 적절한 비용이다. 소망이 생기는 순간, 지나온 모든 삶의 역경은 그것을 이루기 위한 필요 충분한 요소로 변한다.

제3강

상식과
비상식의
경계를 허물다

: 더불어 살기 위해 만든 울타리,
그 너머에는 무엇이 있을까?

독특함은 뭐고
독창성은 또 뭐죠?

사람에게는 고유의
독특함이 있다

냄새 하나만큼은
독창적임!

독특함이나 독창성은 창의력을 이야기할 때 많이 회자되는 단어다. 평범한 것으로는 시선을 끌기 어렵지만, 독특하거나 독창적인 것은 그 유용성에 대한 판단 이전에 사람들의 시선을 끌 수 있다는 장점이 있다.

그런데 우리는 가끔 이 두 단어를 혼동해 사용하거나 비슷한 것이라고 생각할 때가 있다. 사전에서 의미를 찾아보면 다음과 같다.

독특 : 특별하게 다름. 다른 것과 견줄 수 없을 정도로 뛰어남.

독창 : 다른 것을 모방함이 없이 새로운 것을 처음으로 만들어내거나 생각해냄.

나, 의자!
엄청 독특하지잉~

독특함의 '특별한 다름'이란 노력의 결실일 수도 있지만 타고난 성격이나 성향이라는 느낌이 강하다. 독특함은 다른 것들과의 '차이'에서 나오는 도드라짐이 그 특징이다. 그렇기에 우리의 실생활에는 큰 의미로 다가오지 못하는 경우가 많다.

반면 독창성이라는 단어는 다른 사람이 생각지 못했던 아이디어로 우리 삶과 생활에 도움을 주기 위해 고안되는 물건이나 생각에 적용된다. 그중에서도 많은 사람들이 호응하고 환호하는, 즉 대중성과 보편성이 확보된 것만이 '독창적인 아이디어'라는 칭호를 받는다.

독특함은 대중의 사랑을 받을 때도 있지만, 애초에 대중의 호응과 사랑을 받기 위해 고안된 것이 아니기에 호불호가 강하게 갈린다. 말 그대로 독특한 매력이 존재하기에 독특함에 빠진 마니아(혹은 오타쿠)도 만들어진다.

사진기가 발명된 초창기 시절, 사진사들이 돈을 벌기 위해서는 부자들의 인물사진이나 음란한 사진을 찍어야 했다. 그런데 그런 분위기 속에서 독특하게도 파리의 거리 사진을 찍었던 사람이 있는데 바로 앗제Eugène Atget라는 사진사다. 그는 화가들에게 풍경사진을 팔 수 있을 거라는 독특한 발상을 했지만 당시 화가들은 그의 사진을 부담 없이 살 만큼 여유롭지 못했다. 인물사진을 의뢰받을 만큼 유명하지 못했고 그렇다고 구차하게 포르노를 찍어 삶을 연명하기는 싫어 풍경사진을 선택했지만 풍경사진이 감상의 대상일 수 없던 시대였기에 앗제의 삶은 불행 그 자체였다.

독특했으며 남들과 다른 블루오션을 선택했지만 시대와 호흡할 수 없었기에 그의 사진은 무의미해졌고 그의 삶은 무가치한 것으로 여겨졌다. 그런 앗제의 사진과 삶이 인정을 받기 시작한 것은 2차 세계대전이 끝나고 나서부터였다. 폐허가 된 파리를 복원하려면 당시 모습이 기록된 자료가 있어야 했는데 유일하면서 정확한 자료가 바로 앗제의 사진이었다. 프랑스 정부는 앗제의 사진을 찾기 시작했지만 애석하게도 그의 사진은 프랑스에 남아 있지 않았다.

미국의 사진작가인 애보트Berenice Abbott라는 여성은 앗제의 독특함이 지닌 가치를 직관적으로 느낀 유일한 사람이었다. 그녀는 아무도 관심 갖지 않던 앗제의 사진을 모으기 시작했고 앗제 사진집을 만들어서 모마MoMa (뉴욕의 현대 미술관)에서 대형 전시회도 개최했다. 프랑스 정부는 그녀에게 거액의 돈을 지불하고 앗제의 사진을 빌려오는 것 외에 아무것도 할 수 없었다.

일상 속에서도 독특한 사람들은 있다(의외로 꽤 많다). 그들은 자신의 독특함으로 다른 사람들과 구별됨을 즐거워하며 그로 인해 행복을 느낀다.

은호라는 학생은 걸음걸이, 말투부터 다른 사람들과 구별되었다. 따지고 보면 구별이 되지 않는 사람이 있으랴마는 도드라지는 억양과 기이한 걸음걸이는 한눈에 봐도 독특했다. 개그맨이 꿈이라던 그 친구를 기억하는 이유는 조별 미션으로 내준 패러디 과제 때문이었다.

패러디는 우리가 잘 아는 명화, 영화 포스터, 혹은 광고의 이미지 등을 변형시켜 원본과 다른 내용을 만들어내는 것이다. 패러디 미션을 하다 보면 많은 학생들이 의도치 않게 같은 원본을 선택하는 경우가 생기고, 만들어진 결과물의 내용과 형식이 비슷할 때도 많다.

밀레의 〈이삭줍기〉 같은 명화는 모르는 사람이 없는 대중성이 확보된 작품이며, 세 명의 사람이 뭔가를 줍는 시늉만 하면 패러디 과제를 끝낼 수 있다. 그렇기에 아주 간편한, 패러디 계의 3분카레와 같다. 그렇기에 아주 많은 사람들이 이 원본을 재료로 선택한다. 그런데 전달하려는 내용이나 개념까지도 일치하면, 마치 길을 걷다가 똑같은 옷을 입은 사람을 만난 것 같은 당혹감이 들 수밖에 없다.

학점은 노력한 만큼 받아야 마땅하겠지만, 조별활동이 많은 수업에서는 때로 노력 여하와 관련 없이 학점을 받기도 한다. 그럴 경우 '학점을 주웠다!'고 표현하기도 하는데, 이런 상황을 밀레의 '이삭줍기'에 적용하면 '학점줍기'라는 작품을 만들어낼 수 있다. 이 정도면 아

무리 비슷하다고 해도 이미지를 두고 표절의 잣대를 들이댈 수 없다. 가치관과 환경을 공유하고 있다면 충분히 비슷한 이미지가 만들어질 수 있기 때문이다.

그런데 은호는 다른 사람과 비슷해지는 것을 지독히도 싫어했다. 그는 모든 조원들의 반대를 정면으로 돌파하여 '어느 누구도 패러디한 적 없고 앞으로도 패러디하지 않을 패러디를 해야 한다'는 자신의 의지를 관철시켰다.

그런데 문제가 생겼다. 도대체 뭘 패러디한 것인지 알 수가 없었다. 모방한 대상이 드러나지 않았다. 그래서 원본을 좀 보여달랬더니 은호가 보여준 것은, 〈행주대첩 기념도〉였다. 너무 낯설고 대부분의 사람이 알지 못하는, 행주산성 기념관에서나 볼 수 있는 사진 한 장. 독특함에서는 성공했지만 패러디의 성격에는 부합하지 않는 작품이었다. 언제가 될지는 모르지만 '행주대첩 기념도'가 세계적인 명화가 되는 날이 오면, 그제야 그 작품은 앗제를 알아봤던 애보트를 만난 셈이 될 것이다.

독특함은 다른 사람의 시선을 끌 수밖에 없다. 그런데 그 시선이 눈총이 아니라면 꽤 즐거운 일일 수 있다. 대학시절, 바이올린을 줄에 매달고 산책하는 백남준의 사진을 본 후 나도 뭔가 독특함을 표현하고 싶어서 버려진 세발자전거를 주워 노끈으로 묶은 후 함께 산책도 하고 점심도 먹으러 다녀봤다. 많은 사람들이 기이한 눈빛으로, 때론 안타까운 눈빛으로 바라봤지만 백남준 아저씨가 느꼈을 시선이라 생각하니 그다지 괴롭지는 않았다. 물론, 의도하지 않은 구별됨은 스트레스가 되기도 한다.

독특함은 분명히 창의적인 에너지이지만 독창적이라는 칭송을 받기에는 부족하다. 독창성이란 공공의 이익에 이바지하거나 타인의 삶을 풍요롭게 만드는, 즉 현재 시점에서 가치 있는 것들에 붙여지는 이름이기 때문이다.

독특함은 시대의 가치관과는 상관없는 개인의 취향이나 성격, 기질 등과 관련 있다. 다행히 그러한 것이 시대의 흐름과 맞아떨어지면 피카소처럼 부와 명예를 보너스로 받을 수도 있지만 그렇지 못하더라도 고흐나 앗제처럼 자신만의 세계에서 행복할 수 있다. 평범한 사람들의 눈에는 그것이 불행으로 보이기도 하지만……

사실 모든 사람은 다 독특하다. 더불어 살아가기 위해 그 독특함을 숨기고 있을 뿐. 너무 오랫동안 숨겨두어서 그 독특함이 있었다는 사실도 잊어버린 경우도 있다.

사로잡힌 사람이 행복하다

두꺼운 안경을 끼고 살이 쪄서 목이 두 겹으로 접히며 얼굴에는 여드름이 가득한 어떤 남자가 일본 애니메이션 속의 여주인공에게 사랑을 고백한다.

그의 관심은 온통 애니메이션 속 그녀이기에 주변의 시선에는 전혀 신경을 쓰지 않는다. 아니, 오히려 은근히 즐기는 것 같다. 매달 사모은 그녀의 피규어로 집이 좁아진 건 벌써 오래전이다. 식탁에 놓아둔 모니터에서는 항상 웃고 있는 그녀의 '움짤'이 함께 식사를 해준다. 그리고 그녀가 프린트된 커다란 쿠션을 꼭 끌어안고 고단한 하루를 마감한다. 우리는 그런 사람을 '오덕후'라고 부른다.

오덕후는 원래 특정 장르의 애니메이션이나 그 주인공에 심취하여 현실의 삶에 적응하지 못하는 사람들을 지칭하는 일본의 '오타쿠'라는 말을 우리 식으로 바꿔 부르는 말이다. 지금은 특정 애니메이션의 판타지뿐 아니라 현실세계든 비현실세계든 무언가 한 가지에 깊이 빠진 사람들을 지칭하는 경향이 있다. '마니아'와 느낌이 비슷하지만, 마니아는 무엇인가를 굉장히 좋아하고 관심이 아주 많은 아마추어를 일컫는 반면 오타쿠는 무엇인가에 완전히 미쳐 있는 사람들을 이른다. 소득의 대부분을 쓸데없는 곳에 다 써버리고 비아냥거리는 주변으로부터 스스로를 은둔시켜 대인관계가 엉망이다. 우리는 그들을 폐인이라고 부르며 인생을 허비하며 살고 있다고 생각한다.

그런데 과연 그렇기만 한 것일까? 보편적 사회가치의 기준에서 그들의 삶은 분명 무의미하고 쓸데없는 것이 분명하다. 하지만 우리 삶에서 보편성이란 과연 무엇일까? 명확하게 정해진 것이 뭐가 있을까? 이렇게 반문해보면 무수한 가능성이 있다는 사실을 깨닫게 된다. 심지어 인류의 발전은 그런 보편적 가치관에서 탈피하기 위해 변화를 시도했던 사람들에 의해 이루어져왔다.

열정, 광기는 타인에 의해 강요될 수 없고, 미치고 싶다고 해서 미칠 수 있는 것도 아니다. 어느 누구도 느낄 수 없고 볼 수 없는 그 무언가를 나만이 발견했고 나만 느꼈으며 오로지 나만 사랑에 빠진 것이다. 계산하지 않는 순수한 사랑은 위험하다. 나와 내 주변이 어떻게 되든 상관하지 않기 때문이다. 오로지 사랑의 대상만 바라보며 그 사랑을 쟁취하기 위해 모든 것을 내던지지만 그 결과는 '로미오와 줄리엣'처럼 비극으로 끝나기 일쑤다. 오덕후를 바라보는 시선에는 그런 비극적 결말을 개인과 사회적 에너지의 낭비로 생각하는 관념이 지배적이다.

그런 관념을 바꿔보면 어떨까? 덕후들은 자신의 진정한 행복을 위해 노력하는 사람이다. 보편성이라는 실체 없는 확신을 지니고 살아가는 우리는 사회가 만들어놓은 가치관을 따라가느라 언제 내가 행복한지도 잘 모르고 살아간다. 삶의 여유를 갖고 취미를 찾아가며 살다가는 경쟁에서 도태될 수 있다는 불안감에 그저 돈을 버는 사람, 혹은 돈을 버는 큰 기계 속에서 돌아가는 작은 부품으로 살다가 마모되면 버려진다.

하지만 덕후는 다르다. 자신만의 가치가 있다. 그리고 그 가치에 대한 믿음과 목표에 대한 강렬한 의지는 스스로를 사랑하게 만들며 타인의 시선 앞에서도 당당할 수 있게 한다. 세상의 보편성에 묻히지 않는 자신만의 뚜렷한 개성을 지니게 되고 그 개성은 창의적인 아이디어로 이어질 가능성이 높다.

'저 연탄재를 누가 함부로 발길질할 수 있는가 나는 누구에게 진실로 뜨거운 사람이었는가'라는 안도현 시인의 말처럼 세상의 눈치만 보며 살아가느라 사랑 한번 제대로 해보지 못하는 우리가 과연 덕후를 손가락질할 자격이 있을까? 아니, 그들보다 행복하다고 자신 있게 말할 수 있을까?

이 땅의 덕후들을 모두 이해할 수는 없더라도 있는 그대로 인정하기만 해도 우리는 그들이 쏟아내는 놀라운 세계를 만나게 될 것이다. 세상은 무엇인가에 사로잡힌 사람을 바보라고 손가락질할지 모르지만, 그들은 그들의 세계에서 분명 행복하고, 또한 세상은 그런 사람들에 의해 변화된다. 마음껏 독특함을 발신하기 바란다. 그것이 독창성으로 발휘되든, 그렇지 않든 그것이 혁신의 시작이니 말이다.

남들처럼 사는 게
최선인가요?

다양성을 인정해야
삶이 건강해진다

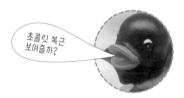

초콜릿 복근
보여줄까?

남들만큼 갖고 싶고, 남들처럼 누리고 싶으면, 남들처럼 살라고 한다. 그다지 문제될 만한 이야기는 아니다. 삶의 목표가 '남들만큼' 혹은 '남들처럼'이라면 삶을 꾸려나가기가 훨씬 수월하다. 시키는 것만 하고 시키지 않는 것은 안 하면 된다. '왜 사는지' 같은 머리 아픈 생각은 하지 않고 안전한 삶을 살 수 있기 때문이다.

다들 그러려면 보편적인 삶과 행동을 추구하라고 강요한다. 그런데 문제는 남들과 구별되지 않는 삶이 보편적인 삶이라는 생각에 있다. 앞서나가지도 뒤처지지도 않는 애매함, 남의 눈에 띄지 않으면서 조용히 묻어가는 삶의 태도가 보편적인 삶이며, 또한 지혜라고 착각한다.

보편성 : 명사, 모든 것에 두루 미치거나 통하는 성질.

개개인의 독특한 삶 속에서 공통적인 부분을 찾아내어 그것들을 연결했을 때 발견되는 특징이 보편성인데 우리는 반대로 생각하고 있다. 이미 존재하는 거대한 틀에 맞추어 살아가는 것이 보편적인 삶이라고 생각하는 것이다.

보편성의 또 다른 함정은 그것이 힘과 권력을 중심으로 만들어지고 해석된다는 것이다. 옛날 서구인들이 문명의 중심은 그리스고 그 외는 야만이라 간주했던 것이나, 우리가 중국을 벗어난 지역을 오랑캐라고 불렀던 것을 생각해보면 자기중심적인 보편성이 얼마나 편협하고 위험한지 알 수 있다.

또한 보편성은 아이러니를 유발한다. 보편적인 삶을 살아야 한다면서도 실제 우리 삶은 보편적이지 못한 경우가 허다하다. 예를 들어 동네 골목에서 시끌벅적한 싸움 소리가 나서 나가보니 어머니가 주차 문제로 옆집 아가씨와 싸우고 있다. 정황이나 상식으로 판단했을 때, 골목길을 가로로 막아버린 우리 어머니의 잘못이 크다. 이 순간 보편성을 유지하려면, 잘잘못을 따져서 젊은 아가씨에게 어머니가 사과하도록 하고, 소란을 피웠으니 동네 주민들에게도 공개 사과하도록 해야 한다. 하지만 우리는 그러지 못한다.

"우리 어머니가 잘못을 하긴 했습니다. 하지만 젊은 사람이 어머니뻘 되는 분께 그러는 게 아니죠!"라며 한문으로 어떻게 쓰는지도 모르는 장유유서를 들먹이며 분쟁의 본질에 물타기를 시도한다. 그리고 버

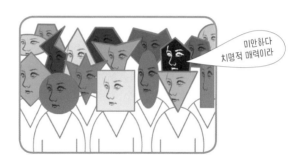

릇없는 요즘 젊은이들의 당돌함으로 문제의 프레임을 옮겨버린다.

보편성을 유지하려면 이성적이고 논리적이며 냉정해야만 한다. 하지만 실제의 우리는 매우 감성적이며 낭만을 추구하며 살아간다. 매일 뉴스에서 쏟아져 나오는 각종 권력형 비리와 관련된 사건들은 우리가 얼마나 보편적이지 않은 존재인지를 증명해준다.

거울을 보자! 내가 얼마나 독특(?)하게 생겼는지. 내가 얼마나 특이한 삶을 살고 있는지. 남들과 다른 나의 모습에 얼마나 치명적인 매력이 있는지……

남들과 같은 삶을 살기 위해서가 아니라 남들과 더불어 살기 위해, 나의 색깔을 잠시 양보해줄 수는 있지만 없앨 수는 없다. 사람은 모두 다르다. 세상에는 다양한 삶과 다양한 가치관과 다양한 생각이 존재한다. 그것을 인정하고 존중하는 분위기가 보편적으로 자리 잡혀야 비로소 우리 삶이 건강해질 것이다.

마징가 제트와
태권브이가 싸우면?

모방도 새로움으로
재탄생될 수 있다

모방은
창조의 어머니!

마징가 제트랑 태권브이랑 싸우면 누가 이길까? 두 패로 나뉘어 머리를 싸매고 끝장 토론을 해봐도 결론을 낼 수 없던 시절이 있었다. 참 쓸모없는 것에 열광하고 쓸데없이 흥분했었다. 누가 이기든 무슨 상관인가! 둘 다 지구를 지키는 위대한 업무를 보는 존재인데.

외삼촌 어깨 위에 목말을 타고 열광하며 봤던 〈태권브이〉가 DVD로 복원되어 나왔을 때, 지갑을 여는 데 잠시의 주저함도 없었다. 그리고 플레이를 시키는 순간, 프루스트의 소설《잃어버린 시간을 찾아서》의 마들렌처럼 유년시절이 주마등처럼 스쳐 지나갔다. 그저 그 순간이 그리워서 한 번씩 펼쳐보는 추억일 뿐이지만, 분명 지금의 '나'를 만들어낸 것은 그 추억들의 합집합이다.

문득 '추억의 이면에는 무엇이 잠재되어 있을까?' 하는 궁금증이 생겼다. 기억은 늘 필터링되기 때문에 객관적이지 않다. 나의 영웅 태권브이와 마징가 제트의 진짜 모습은 무엇이었을까?

〈마징가 제트〉가 일본 만화였다는 사실을 알았을 때, 충격과 함께 묘한 배신감을 느꼈었다. 그 만화가 방영되던 때는 70년대 중후반, TV의 어린이용 콘텐츠는 대부분 일본 것이었지만 국민 정서상 드러내지 않았었다. 게다가 만화 속 주인공들이 모두 검은 머리에 한국말을 유창하게 했기 때문에 그들의 국적을 추호도 의심하지 않았었다.

그뿐만 아니었다. 내가 열광한 수많은 콘텐츠들—《들장미소녀 캔디》,《톰소여의 모험》,《플란다스의 개》,《알프스 소녀 하이디》등—이 모두 우리 것이 아니었다. 조금 더 솔직하게 말하자면 우리가 우리 것을 만들어내지 못한다는 사실을 감추던 시절의 씁쓸한 콘텐츠들이다. 하지만 그런 와중이라 더 도드라지는 우리의 자랑이 있었으니, 바로 〈태권브이〉다.

'태권'이라는 단어에서부터 벌써 대한민국의 아우라가 느껴지고, 바로 그 뒤를 잇는 '브이'는 영원한 승리를 상징한다. 의심할 필요 없는 대한민국의 자부심임에 틀림없다.

방학만 되면 어김없이 상영되었던 태권브이 시리즈들. 골목골목 펼쳐지는 태권브이 놀이에서 소외되지 않으려면 반드시 보고 느끼고 익혀야 했다. 그런 우리 〈태권브이〉를 누군가가 일본 만화의 표절이라는 둥, 마징가의 아류라는 둥의 말로 폄하한다는 소식을 들었다. 도저히 용서할 수 없는 마음에 결코 그렇지 않을 거라는 확신을 갖고 조사에 착수했다.

마징가 제트 VS 태권브이

마징가 제트의 국적은 일본이지만 실제로 제작된 곳은 한국이었다. 당시 우리나라는 세계적으로 애니메이션 하청업으로 유명했다. 완벽한 기술력과 저렴한 인건비, 거기다 지리적으로 일본과 가까웠으니 일본 입장에서는 환상적인 이웃 나라였을 것이다.

태권브이는 대한민국의 기술과 대한민국의 캐릭터와 스토리로 만들어진 우리 것이지만 뭔가 석연치 않은 부분이 있기는 하다. 태권브이와 마징가 제트가 어딘가 많이 닮았다는 것이다. 우람한 검정색 가슴 위에 새겨진 빨강색 브이 마크, 검정과 흰색의 조화와 투구 형태의 머리 모양 등. 일본 애니메이션 하청을 하면서 얻은 영감과 노하우로 만들었으니 닮은 것이 그다지 이상한 일은 아닐 것이다. 그래서 태권브이를 마징가의 아류나 표절이라고 말하는 사람들도 있지만 결코 그렇지 않다는 것이 나의 생각이다. 마징가의 모습과 태권브이의 모습이 흡사하긴 하지만 태권브이에는 우리나라의 자부심과 자존심이 살아 있다.

태권브이의 자존심

태권브이에는 거대로봇의 시조 격인 마징가 제트의 모습에서 탈피하고 우리 것으로 채워 넣기 위한 많은 노력이 숨어 있다. 마징가 제트가 일본 전통 무사나 닌자처럼 수많은 각종 무기―광자력 빔, 가슴 광선, 로켓 주먹, 입 냄새(?) 회오리 등―을 사용하는 데 반해 태권브이는 우리 고유의 무술인 태권도를 주 무기로 사용한다. 태권브이의 태권도 수준은 대략 공인 3단 정도로 이야기된다. 태권브이의 감독인 김청기 감독이 태권도 동작을 구현하기 위해 실제 태권도 대련 장면을 촬영한 후, 그 위에 그림을 그렸기에 아주 정확한 동작이 표현되었고, 그 장면을 토대로 태권도 3단 정도의 수준을 가늠할 수 있다.

그리고 전투장면에도 징이나 꽹과리 등 우리 고유의 타악기가 효과음으로 사용되었다. 이 역시 마징가의 그림자를 지우고 우리 것으로 채우려는 노력으로 이해할 수 있다.

창조는 그렇다. 무언가에서 영감을 얻거나 자극을 받아 모방을 하고, 모방이 반복되다가 어느 순간 새로움으로 나타난다. 정작 태권브이에서 석연치 않은 부분은 초창기 태권브이의 모습이 아니라 그 뒤에 나타난 해괴한 태권브이다. 마땅한 어린이용 콘텐츠가 턱없이 부족했던 70년대, 태권브이의 성공은 당연한 것일 수도 있다. 하지만 그 성공에 취해서, 그것을 기반으로 새로운 이야기와 캐릭터를 만들어내

기 위한 노력은 부족했다.

성공한 일본 캐릭터를 벤치마킹해서 성공했다고 인식한 기회주의자들은 끊임없이 일본의 콘텐츠를 가져오기 시작했다. 그리고 그 콘텐츠를 태권브이에 입혀 세상에 내놓았다. 건담의 옷을 입은 태권브이, 조종사는 두 명밖에 없는데 삼단 분리 합체를 해야 했던 태권브이, 일본 만화 '마크로스'의 비행기로 변신을 하는 스페이스 간담브이 등, 모두 기괴한 퓨전이고 소화시키지 못한 융합이었다. 그 시절의 태권브이는 표절과 아류의 혐의를 벗어나기 힘들어 보인다.

상상력은 머릿속에서
만들어지지만
표현될 수 있어야 한다.

왜 이런 일이 생겼을까? 기본적으로 상상력의 부재가 문제였지만 이 역시 우리의 슬픈 역사와 깊은 관련이 있다. 상상력은 머릿속에서 만들어지지만 표현될 수 있어야 한다. 표현될 수 없는 상상은 결코 상상했다고 이야기할 수 없다. 그런데 우리에게는 우리글을 쓸 수 없고 우리말을 해서는 안 되는 시절이 있었다. 하루 이틀도 아닌 36년간이나. 그 시절에는 우리의 상상을 표현할 수 없었고 심지어 원래 있던 이야기마저 잃어버려 상상의 원천이 사라지고 말았다. 또한 동족 간에 끔찍한 전쟁을 치러야 했고 결국 반 토막 난 나라에 나뉘어 사는 우리는 결코 입에 담아서는 안 되는 '금지어'들을 만들어내기 시작했다.

이데올로기가 지배하는 세상에서 섣불리 생각을 표현한 사람들은

매우 곤란한 상황에 처했다. 이를 목격한 사람들은 스스로의 생각을 검열하기 시작했다. 이러한 자기검열의 습관 때문에 '태권브이' 안에는 꽤나 흥미로운 사회상이 담기게 되었다.

태권브이로 엿보는 70년대

조종사_

태권브이를 조종했던 훈이는 완벽에 가까운 인간이다. 태권도 세계 챔피언이며 말썽 한번 피우지 않고 성장하여 아버지의 자랑이자 기쁨이 된, 소위 엄친아의 전형이다. 물론 영화 속에 훈이의 토플점수나 각종 자격증 등은 나오지 않았지만, 우리는 느낄 수 있었다. 뭐든 1등을 하고 부모님 말씀을 잘 들어야 태권브이를 유산으로 물려받을 수 있다는 것을.

그런데 마징가제트의 조종사 쇠돌이—원래 이름은 가부토 코지였지만 대한민국으로 건너와 쇠돌이라는 가명을 얻었다—는 모범생과는 거리가 먼, 오히려 문제아 쪽에 가까운 인물이었다. 헬멧도 없이 오토바이를 타고 다니며 사람들에게 민폐를 끼치는 폭주족이자 소위 '일진'에 가까웠다. 쇠돌이의 부모님은 만화 속에 나타나지 않는다. 쇠돌이는 할아버지 손에서 자랐는데 그나마 할아버지도 마징가 제트를 만드느라 반미치광이가 된 과학자였다. 이러한 결손가정에서 성장한 쇠돌이가 폭주하지 않는 게 오히려 이상한 것 아닐까? 그런데 결손가정 자손이며 불량배 폭주족 쇠돌이에게 마징가 제트를 맡기는 것을 불안해하는 사람들은 없었을까? '그러니까 만화지' 하고 웃어넘길 수도 있지만 이 부분은 많은 것을 생각하게 한다.

눈부신 경제성장을 이루기 위해 우리는 어떤 사람들을 필요로 했을까? 우리는 대를 위해 어쩔 수 없이 소가 희생될 수밖에 없는 시대, 과정이 아니라 결과를 중요시하는 시대를 살았다. 그리고 어떤 논리나 합리를 따지지 못할 강력한 카리스마를 가진 사람이 필요했다. 즉 1등을 해본 사람이나 그에 상응하는 스펙을 갖추었으며 동시에 도덕적으로도 완벽해 보이는 사람, 바로 태권브이의 훈이였다.

훈이는 70년대 대한민국이 꿈꾸던 사람이었으며 모든 것을 물려줄 전통적인 장남이었고, 언제나 빛나는 존재였다. 하지만 한 번도 1등을 해보지 못한 사람들에게는 절망감을 안겨주는 엄친아일 수밖에 없다.

반면에 쇠돌이는 미치광이 과학자 할아버지의 손에 자라서 버릇없고 통제가 안 되는 비행청소년이다. 그의 손에 맡겨진 지구가 걱정스러울 법도 하다. 그런데 흥미로운 것은 쇠돌이는 왜 자신이 마징가를 조종해야 하고 목숨을 건 치열한 전투를 치러야 하는가에 대해 끊임없이 질문하고 그 질문을 통해 정체성을 인식하고 변화하기 시작한다는 것이다. 동기부여만 되면 언제라도 목표와 의지는 생길 수 있다는 희망이 엿보인다.

여자친구_

훈이의 여자친구는 영희고 쇠돌이의 여자친구는 애리다. 그들의 역할을 관찰해보면 당시 사회에서 여성의 역할과 위치가 어떠했는지를 잘 알 수 있다. 얼떨결에 마징가를 인수한 쇠돌이가 운전미숙으로 헤매고 다닐 때 운명적으로 애리를 만나고, 둘은 함께 지구를 지키는 동업자가 된다. 애리의 아버지 역시 과학자고, 마징가까지는 아니어도 사랑하는 딸이 타고 다닐 로봇 정도는 만들 수 있는 나름 능력자였다. 늘 폭주하느라 바빴던 쇠돌이와는 반대로 애리는 진득하게 연구소에 앉아서 적을 연구하고 외부에 대한 긴장과 경계를 늦추지 않았다. 그래서 나쁜 놈들이 쳐들어오면 재빨리 쇠돌이에게 연락을 해주는 역할을 했다.

하지만 오토바이를 타고 나돌아다니던 쇠돌이가 연구소로 돌아와 마징가에 탑승하고 출동하기에는 늘 시간이 부족했다. 그럴 때마다 애리는 스스로 로봇을 타고 마징가보다 먼저 나쁜 놈들을 대적하지만 나약한 여성이 무지막지한 로봇들을 감당하기에는 역부족일 수밖에 없다. 적의 화를 돋운 애리는 무참히 얻어터져 만신창이가 되고 결정적 한 방으로 그녀가 패배하기 일보직전, 헐레벌떡 마징가가 나타난다. 그리고 악당들을 물리치고 만신창이의 그녀를 안고 석양을 등지며 돌아온다. 동네 불량배에게 희롱당하는 여주인공을 구해내는 신파적인 느낌이 물씬 나지만 당시의 남자다움은 그렇게 요약될 수 있을 것이다. 그리고 바쁜 척 산만하게 살아가는 남자의 곁에서 그의 빈틈을 메우며 희생했던 여성상을 읽어낼 수 있다.

훈이의 여자친구 영희는 어려서부터 훈이와 둘도 없는 단짝이었고 부모님들끼리도 잘 아는 공식 연인 사이다. 실제 영화 속에서 훈이는 아버지에게 영희를 두고 '바늘 가는 데 실이 안 갈 수 있나요?'라고 말한다. 그들은 커플티를 입고 태권브이의 조정석에 앉는다. 혼자 운전하는 쇠돌이와 달리 함께 태권브이에 탑승하지만 훈이가 주조종실로 가버린 후 영희는 할 일이 없어진다.

영희의 존재감은 태권브이가 악당에게 치명적인 공격을 당하여 심각한 위기에 처할 때 드러난다. 태권브이와 함께 괴로움을 느끼는 훈이는 그 와중에도 이렇게 외친다.

"영희야, 너는 나가 있어!"

그 말을 들은 영희는 제비호를 타고 태권브이를 냉큼 빠져나간다. 그리고 자신만의 특기를 살려 훈이를 돕는다.

"훈아! 정신 차려!"

고래고래 소리를 지르는 것이다. 그 시대의 어처구니없는 여성상이 드러난다. 스스로의 힘으로 일어나고 동등해지기 위해 노력하는 여성상이 아니라 절대적으로 남성에게 의지해 살아가는 모습으로 그려져 있는 것이다. 힘들고 지쳐 쓰러지기 직전인 남자에게 안전한 곳에서 소리치는 "정신 차려"라는 말은 묘한 씁쓸함을 남긴다. 하지만 놀랍게도 태권브이는 영희의 목소리에 정말로 정신을 차리고 악당을 한 방에 훅 보내버린다. 정말 낭만적이지 않을 수 없다!

악당_

카프 박사는 세계적으로 권위 있는 물리학자였다. 하지만 그는 키가 작고 못생겼다는 외모 콤플렉스를 지니고 있었다. 중요한 학술발표회에서 혁신적인 이론을 발표하다가 거꾸로 넘어져서 많은 사람들 앞에서 웃음거리가 되어버린 카프 박사는 그 순간 삐뚤어지기로 마음을 먹고 악당이 되어버린다. 안타까운 순간이지만 그보다 더 씁쓸한 것은 카프 박사를 비웃던 세계적인 석학들의 모습이었다.

사람들을 납치하고 악당 로봇들을 만들어 세상에 복수하려는 카프 박사는 붉은색의 별을 심볼로 사용한다. 뒷목에 혹이 붙은 돼지를 그리고, 털 달린 늑대와 팔씨름하는 모습을 그려서 반공 포스터로 제출하던 시절, 당연히 최고 악당의 심볼은 붉은 별일 수밖에 없었을 것이다.

'남자의 키가 180이 안 되면 루저'라는 발언은 이미 태권브이에서 시작된 것이 아니었을까?

빙 돌아서 여러 가지 이야기를 했다. 이제 처음의 이야기로 돌아가

보자. 마징가 제트와 태권브이가 싸우면 누가 이기냐고? 당연히 태권브이가 이긴다. 전체 길이 18미터에 하늘도 날지 못해서 늘 걸어 다녀야 하는(물론 바쁘면 뛰기도 하지만) 뚜벅이에 폭주족 날라리가 조종하는 마징가 제트가 전체 길이 60미터에 하늘을 자유자재로 날아다니는 태권브이를 이겨낼 수가 있을까? 더구나 태권브이의 조종사는 모두가 부러워하는 엄친아 아닌가.

스펙에 목숨 걸고 살아가는 시대에 마징가 제트는 서류전형에서 떨어질 가능성이 매우 높다.

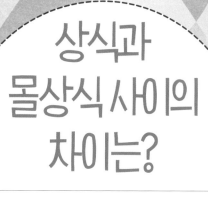

상식과
몰상식 사이의
차이는?

때로는 유쾌한
일탈이 필요하다

네가 E.T도 아닌데 왜 하늘을 날려구 하니?

　　대학원을 다닐 때였다. 아직 잠이 덜 깬 이른 아침, 요란스럽게 전화벨이 울렸다. 비몽사몽 전화를 받았더니 교회 권사님이 다급한 목소리로 어머니를 바꿔달라고 하신다. 전화통화를 마친 어머니가 근심 어린 목소리로 아버지께 이야기를 전했다. "글 권사님이 아침에 새벽기도를 갔는데 목사님께서 교회가 매각되었다는 말씀을 하셨다고 하네요." 사태의 심각성을 인지한 아버지가 자세한 이야기를 듣기 위해 목사님께 전화를 걸려는 찰라, 다시 전화벨이 울렸다. 조금 전 전화를 한 권사님이셨다. 그리고 알게 되었다. 그날이 만우절이었음을.

　　뭔지 모를 허탈한 웃음 끝에 유쾌한 약오름을 느낀 부모님은 반드시 이 감정을 갚아주기로 굳은 결심을 하시고는 그럴싸한 거짓말 만들기에 몰두하셨다. 그리고 '목사님이 국회의원 출마를 결심했다'는 쌈빡한 거짓말을 만들어내고는 1년을 기다려서 복수에 성공하셨다.

고희를 바라보는 나이에 만우절을 즐기는 모습이 내게는 꽤 신선한 충격이었다. 그리고 만우절을 그냥 지나쳤던 나를 돌아보며 반성했다. 뭔가를 해야 한다는 절박한 심정으로 컴퓨터를 켜고는 만우절 거짓말의 규칙을 정했다.

사람들의 허를 찔러야 하지만 피해를 줘서는 안 된다.

어이없어하는 것은 되지만 짜증을 유발해서는 안 된다.

사람이 죽었다거나 크게 다쳤다는 거짓말은 유치하다.

듣는 순간 깜짝 놀라더라도 곧바로 거짓말임을 알아챌 수 있어야 한다.

상대의 입에서 육두문자가 나오지 않고 박장대소할 수 있어야 한다.

애매하긴 하지만 이렇게 장난의 기준을 정하고 대상을 찾았다. 그리고 문서를 작성했다.

공사중 사용금지!

공사명 : 화장실 개보수

공사 이유 : 화장실의 유지비용 절감을 위해 수세식 화장실을 재래식으로 바꿈

공사기간 : 4월 1일 09:00 ~ 4월 1일 24:00

완벽했다. 미술학과와 예술대에서 쓰는 건물에 있는 화장실 개수만큼 출력을 해서 학생들이 등교하기 전에 모든 층의 화장실에 붙여놓았다. 그러고는 적당한 곳에 자리를 잡고 학생들이 오기만을 기다렸다.

그런데 놀라운 일이 일어났다. 화장실 앞에 와서 문구를 읽은 학생들이 박장대소하거나 붙여놓은 종이를 뜯어버릴 것이라 예상했는데, 대부분의 학생들은 그냥 돌아섰다. 맨 위에 크게 적힌 경고 문구만 읽고 자세한 내용을 읽지 않고 지나치는 것이었다. 참으로 의아했다. 그러던 중 한 후배가 문구 앞에서 한참을 서 있다가 종이를 뜯어냈다. 드디어 제대로 낚인 것이다. 하지만 그 후배는 분노에 찬 표정이었다. 모르는 척하며 후배에게 어디에 가느냐고 물었다. 그 친구는 내게 성토했다.

"오빠! 이게 말이 돼요?! 수세식을 재래식으로 바꾼다는 게!"

나는 터져나오는 웃음을 삼키며 물었다.

"말이 안 되지! 그래서 어떻게 하려고?"

"어떻게 하긴요! 학장실에 가서 따져야죠!"

한다면 하는 친구였기에, 일이 커지지 않도록 이실직고하고 자판기 커피로 분노를 달래주었다. 매년 만우절이 오면 그때 일을 회상하며 그 친구가 학장실에 가게 놔둬볼 걸 그랬나 하는 생각이 든다.

만우절 놀이

창의력은 상식을 벗어나야 한다. 하지만 이때도 지켜야 할 선은 있다. 타인에게 피해를 주지 않아야 한다는 것, 즉 몰상식하지 않아야 한다. 매년 1학기 수업에는 만우절이 끼여 있다. 창의력으로 유쾌해지기를 꿈꾸는 수업에서 만우절을 그냥 넘길 수는 없지 않겠는가.

만우절 미션! 규칙은 "상식을 넘어서되 몰상식하지 않기! 일을 꾸미는 사람이 아니라 당하는 사람을 즐겁게 만들기!" 단순한 규칙이지만 상식의 경계를 인식해야 하기에 쉽지만은 않다. 하지만 그 경계를 인식하기만 하면 유쾌하게 상상하고 행동함으로써 행복을 나눌 수 있다. 상상은 그것만으로도 즐겁지만 혁신은 상상을 실행에 옮길 때에만 시작된다. 다음은 만우절 미션의 결과물들이다.

거스름 돈_
커피 자판기의 거스름돈 출구에 500원짜리 동전을 강력접착제로 붙여두고 사람들의 반응을 살펴본다.

▪ 반응 : 500원짜리 동전을 꺼내기 위해 자판기 앞을 떠나지 않아서 정체현상이 심하게 나타나며, 구할 수 있는 모든 연장을 동원하여 동전과의 사투를 벌인다.

▪ 부작용 : 자판기 정체현상, 그리고 죄 없는 자판기가 테러를 당하기도 함.

▪ 생각 : 자기 몫의 거스름돈을 이미 받았음에도 불구하고 내 것이 아닌 500원에 집착하는 인간들의 비루함을 엿볼 수 있다.

▪ 아쉬움 : 자판기 주인에게 미안함.

정수기 프로젝트_

술을 좋아하는 사람이라면 한 번쯤 정수기에서 술이 나오는 상상을 해보았을 것이다. 건물 복도에 있는 정수기 물통을 비우고 소주로 채워놓는다. 그리고 목마른 사슴이 와서 한 컵 가득 받아서 원샷하기만을 기다리면 된다. 문제는 모든 사람이 술을 좋아하진 않는다는 점이다. 주당들이야 만세를 부르겠지만 술을 원수처럼 생각하는 사람이라면 기겁할 것이다. 그리고 그로 인해 불쾌해지면 상식의 기준에서 벗어나므로 미션 실패다. 그래서 그들은 육포를 준비했다. 누군가가 물을 떠서 마시는 순간 육포를 들고 나타나서 만우절임을 각인시키는 것이다.

▪ 반응 : 물을 한 모금 마시고는 뭐가 잘못된 것인지 잠시 고민하는 찰나에 갑자기 나타난 사람들이 내미는 육포를 통해 만우절 이벤트임을 인지하고 즐거워한다.

- 부작용 : 약수처럼 받아가는 사람들이 생김.
- 생각 : 상식, 비상식, 그리고 몰상식의 경계는 사람과의 관계와 합의에 의해 만들어진다는 것을 확인할 수 있었음.
- 아쉬움 : 나도 그런 정수기를 만나고 싶어짐.
- 특이사항 : 정수기의 특징상 뜨거운 술이 나올 수도 있기에 전기 코드를 몰래 빼놓았음.

이모티콘 박스 얼굴 프로젝트_

종이박스를 구해서 이모티콘 같은 눈, 코, 입을 그리고 칼로 오려낸 다음 그 박스를 쓰고 하루 종일 생활을 한다. 거리를 걷고, 친구를 만나고, 강의실에서 수업을 듣고, 밥을 먹고. 이상한 사람이라는 눈총을 받기는 하지만 딱히 누군가에게 피해를 주지는 않기에 상식의 범위에서 벗어나지 않았다.

- 반응 : 특별히 박장대소하지는 않았지만 행위예술가들을 조금은 이해할 수 있게 됨.
- 부작용 : 임팩트 있는 반응이 없자 조바심이 들어 관심을 끌기 위해 박스를 쓰고 담배를 피우고 술을 마시는 오버액션을 하게 됨.
- 생각 : 박스의 네 면을 골고루 활용하여 희로애락을 표현했다면 어땠을까?

캐리커처 그려주기_

거리에서 만나는 사람들에게 무료로 캐리커처를 그려준다. 주로 벤치에 앉아서 시간을 때우는 사람들에게 다가가서 열과 성을 다해서 열심히 캐리커처를 그려준다. 포인트는 팀원 중 그림에 소질이 있는 사람이 아무도 없다는 것이었다. 하지만 그림을 받은 사람들은 매우 즐거워했다.

▪반응 : 최선을 다해서 그리는 모습에 감동을 받아 엉터리 그림에도 화를 못 내는 묘한 상황이 벌어진다. 하지만 괜찮다. 그림을 받은 사람도 공짜를 바라는 마인드였기에 결국에는 땀을 뻘뻘 흘리며 열심을 다한 모습에 의한 감동만 남았다.

▪부작용 : 거리에서 방황하는 이모티콘 박스 얼굴 팀을 만났다. 유일하게 똑같이 그려낸 얼굴이다. 중요한 것은 그리는 사람의 재능이 아니라 모델의 생김새라는 결론을 얻었다.

▪생각 : 한 클래스에 열 팀, 두 클래스니까 스무 팀. 만우절에 학교에는 최소 스무 팀이 이상한 짓을 하며 다닌다. 거기다 다른 수업에서 받은 미션을 수행하는 팀도 있고 개인적으로 활동하는 사람도 있을 수 있으므로 만우절의 학교는 눈에 보이지 않는 축제가 벌어지고 있는 셈이다. 자신들의 미션에만 몰두하지 않고 다른 팀의 이벤트에도 참여하고 즐김으로써 소위 '상생'을 경험할 수 있다.

▪아쉬움 : 열정적인 엉터리 그림들에 이상하게 정이 간다.

페이허그_

우리가 알고 있는 프리허그를 변형시킨 것이다. "따스한 가슴을 나누어요", "청춘은 뜨겁다" 등의 슬로건을 들고 프리허그를 시도한다. 허그를 하는 순간 들고 있던 슬로건을 뒤집으면 "페이허그-한 번에 500원"이라는 문구가 나온다.

▪반응 : 감동받아 왔다가 자본주의의 씁쓸함에 허탈해하며 간다.
▪부작용 : 얻어맞을 때도 있다.
▪생각 : 역시 세상은 눈에 보이는 것이 다가 아니다.
▪아쉬움 : 총 6,700원을 벌었다. (정말 돈을 낸 사람이 있다니?!)

탁자 치우기—블라인드 테스트_

아주 고전적인 속임수다. 콜라 시음회를 위한 탁자를 준비한다. 그리고 참가한 사람의 눈을 가리고 콜라 두 잔을 손에 쥐여준 다음 맛을 보고 펩시콜라와 코카콜라를 가려내게 한다. 그런 다음 참가자가 신중하게 콜라를 한 모금씩 음미할 때 팀원들은 조용히 탁자를 들고 철수한다. 참가자는 눈을 가린 채 콜라 두 잔만 들고 홀로 남게 된다.

▪반응 : 참가자는 콜라를 구별해냈지만 팀원들은 이미 철수한 상태이기에 아무 대답을 해줄 수 없다. 참가자는 '내가 틀렸나?'라는 생각에 다시 음미하며 콜라를 마시지만 여전히 아무 대답도 들을 수 없다.

▪부작용 : 하루 종일 이러지도 저러지도 못하는 사람을 만날 수도 있다는 것.

▪생각 : 시키는 일은 잘하는 시대, 아니, 시키는 것만 하는 시대. 명령이 없어지면 자아도 사라지는 듯하다. 스스로 자신의 삶과 길을 만들어가는 것이 창의력 아닐까?

▪아쉬움 : 공황상태에 빠졌던 사람들은 대체로 어진 성품을 가진 경우가 많다. 의심하고 저항하고 반항하는 성향의 사람들은 한 모금 마신 후에 바로 눈을 풀어버리지만 공황상태에 빠졌던 사람들은 주변 사람을 믿고, 그들이 대답하지 않는 것은 자신의 잘못 때문이라고 생각하는 경향이 있다. 그래야 착하고 훌륭한 사람이라는 교육을 받았기 때문이다. 부모님 말씀 잘 듣고 쓸데없는 짓 안 하고 시키는 것만 잘하면 됐었는데 이제 와서 왜 창의력을 외치는 걸까?

▪한 가지 더 : 주로 남자들이 낚였다. 직관과 감성이 뛰어난 여성들은 소위 '촉'이 발달해서 순간적인 감각과 느낌으로 상황을 인식하고 대처방식을 결정할 수 있지만 남성의 경우 논리적·분석적 유희를 좋아하기 때문에 주어진 문제인 콜라의 맛을 구별하는 데에만

몰입해서 전체적인 상황을 인지하지 못하게 된다. 남성이 도박에 중독되거나 사기를 당하는 비율이 높은 이유이기도 하다.

인맥 자랑 플래시몹_

플래시몹이란 휴대전화가 보편화되어 오차 없이 정확한 시간을 공유할 수 있게 되면서 만들어진 독특한 문화다. 특정한 시간에 특정한 장소에서 특이한 행동을 하고 무감각하게 사라지면 된다.

6명의 조원들이 모을 수 있는 최대의 인원을 끌어 모았다. 유동인구가 가장 많은 점심시간의 학교 정문에 서로를 확인할 길 없는 86명의 지인들이 긴가민가하며 약속된 신호를 기다리고 있다. 드디어 약속된 12시 30분 속옷 바람의 남자가 장난감 총을 들고 뛰어오며 외친다. "두두두두두두두두두!" 그것이 신호였다. 86명의 지인들은 총에 맞은 듯 추풍낙엽처럼 쓰러진다.

▪ 반응 : 행인들에게서 '뭐지?'라는 반응과 '나도 해야 하나?', '같이 할까?'라는 망설임이 엿보였다. 평범한 일상에 조금은 특별한 추억을 만들어주어서 좋았다.

▪ 부작용 : 넘어지는 신호만 약속한 탓에 언제 일어날지를 몰라 계속 누워 있는 사람이 있었다.

▪ 생각 : 뭐든 함께하면 더욱 즐겁다. 특히 일탈은.

▪ 아쉬움 : 눈치 보며 일어나지 못하고 있던 사람이 자꾸 생각난다. 쓰러져준 사람들에게 밥 한 끼라도 사주어야 할 텐데. 86명×밥값 = ?

귀여워지자!_
동물 분장 의상을 함께 입고 온 동네를 돌아다닌다. 의상으로 인한 일체감으로 팀원들은 굉장한 활기를 얻었고 그 에너지는 긍정적인 방향으로 흘러간다. 청소하시는 아주머니들께 애교를 부리기도 하고 지나가는 사람들에게 마치 놀이공원 캐릭터인 듯 두 손을 흔들며 인사를 건넨다.

▪ 반응 : 미소와 불편한 웃음이 공존한다.

▪ 부작용 : 입는 옷에 따라 자신의 성격이 변할 수 있음을 깨달아 정체성에 혼란이 올 수 있다.

▪ 생각 : 나뭇가지 하나는 약하지만 대여섯 개가 모이면 단단해지는 것처럼, 주책을 부리게 된다.

▪ 아쉬움 : 독특한 아이디어라고 생각했는데 같은 아이템의 다른 팀도 있었다.

학교식당에서 밥 먹기_
"다른 사람에게 피해만 주지 않으면 된다는 거죠?!"

다짐을 받듯이 물어보는 학생들은 무섭다. 모든 행위의 최종 책임은 내가 져야 하는데, 도대체 뭘 하려고 다짐까지 받는 것일까? 문화콘텐츠를 전공하는 그 학생은 구내식당에서 밥을 사먹었다. 정당하게 식권을 끊고 학교식당에서 밥을 먹었다. 하지만 특이한 점이 있었으니, 그는 줄을 서서 배식을 받지 않고 견본으로 전시된 음식을 먹는 선택을 했다.

- 반응 : 뭐를 먹을까 견본 음식을 보러 온 학생들이 경악한다.
- 생각 : 어떤 종류의 비상식은 추하구나!
- 아쉬움 : 학교 식당에는 A와 B메뉴가 있는데, 나름 부끄러워서 마감시간에 임박해서 실행했더니 B메뉴가 없었다는 점. 음식이 싸늘했다는 점.

만우절 그 후

만우절의 일탈을 즐긴 후 우리 인생은 어떻게 변화되었을까? 대부분은 별일 없이 원래 살던 일상으로 돌아온다. 그렇게 신학기가 시작되어 오리엔테이션 준비로 분주하던 어느 날, 3년 전에 수업을 들었던 학생에게 메일이 왔다.

안녕하세요, 교수님.

저는 2009년 09학번 새내기 때에 교수님의 수업을 수강했던 ○○○라고 합니다. 수강신청 정정기간이라 수업 목록을 훑다가 교수님의 수업을 보고 그전부터 드리고 싶던 이야기가 있어 이렇게 메일을 보냅니다.

혹시 교수님께서 4월 만우절 과제를 학생들에게 내주었던 것을 기억하시는지요? 저희 조는 그때 빨간색 카펫과 풍선, 그리고 장미꽃을 준비해서 애지문 앞에서 가짜 고백 프로젝트를 했었습니다. 팀원들이 무작위로 지나가는 사람을 데려오면, 고백을 하기로 결정한 팀원이 다짜고짜 장미꽃을 들이대며 평소부터 관심이 있었다는 둥의 이야기를 하며 고백했고 영문을 모르는 사람이 당황한 채 장미꽃을 받고 포옹을 당하거나 도망가 버리는 상황이 발생하는 다소 어설픈 이벤트였지요.

저희는 그 장면을 영상으로 녹화했었습니다. 저는 그때 네다섯 명의 사람들에게 고백했었습니다. 수업시간에 그 프로젝트를 발표하고 난 뒤, 교수님께서는 저희들에게 실제로 연결된 커플이 있었냐고 물어보셨습니다.

그때까지만 해도 그저 웃긴 이벤트로 끝내고 난 뒤였기에 그런 일은 없었다고 말씀드렸지요. 실제로 그중 연락이 된 사람도 없었고요.

그런데 그다음 주에 제가 마지막으로 고백했던 분과 우연히 지하철에서 만났고, 그분이 먼저 자신을 기억하느냐며 말을 걸어오셨습니다. 알고 보니 그분은 경영대학원에 다니고 계셨고 저희는 이런저런 이야기를 나누다가 남자 분께서 번호를 물어보셔서 연락을 주고받는 사이가 되었습니다. 그리고 아마 4월 20일로 기억하는데 그분은 제 남자친구가 되었고, 그 후 3년이 지나고 4년이 되어가는 지금까지 저희는 계속 만나고 있습니다.

남자친구는 원하던 금융회사에 취직했고, 저는 다음 학기에 교환학생으로 떠납니다. 그래서 어쩌면 이번 학기가 제가 한양대에 다니는 마지막 학기가 될지도 모르겠습니다. ^^;

'유쾌한 이노베이션'은 여러 모로 제게 의미가 큰 수업입니다. 교수님께서 보여주셨던 새로운 사고의 틀이라든가, 시도하는 정신이나 모습, 그리고 개인적인 일화까지. 영문과 특성상 영어 에세이를 써야 할 일이 많은데 그럴 때면 저는 이 일화를 많이 이용합니다. 특별히 기억에 남는 수업이라든가, 내게 일어났던 신기한 일 등 다양한 주제로 글을 쓸 수 있었지요.

안타깝게도 그때 프로젝트 영상은 남아 있지 않지만 수업은 계속 남아서 (게다가 매우 인기가 많은 강좌이지요) 참 재미있고 감사한 기억과 인연을 추억할 수 있습니다. 이는 다 저희에게 만우절 프로젝트라는 지령을 내려주신 교수님 덕분이었다고 생각합니다.

이번 학기 학생들에게도 소중한 추억과 인연이 다양한 모습으로 찾아오길 바라면서, 건강하시길. 졸업하기 전에 찾아뵐게요. 감사합니다. ^^

RE : 정효찬입니다

고맙습니다. ○○양의 얼굴은 가물가물하지만 애지문 앞의 만우절 이벤트는 또렷하게 기억나네요.

○○양에게 생긴 놀라운 일은 제게도 고맙고 행복한 일이네요. 우리 대부분은 정해진 길로, 예상되는 안전한 일만 하며 살아가지만 진짜 인생은 늘 뜬금없이 찾아오고, 그렇게 시작되는 것 같네요.

교환학생은 어디로 가는 건가요? 새로운 모험을 응원하겠습니다. 그리고 좋은 일이 있으면 또 연락 주세요. 괜히 제가 기분 좋아지는 아침이네요.

쓸모 있는 사람이 되라고 강요받고, 때론 강요하며 살아가지만 행복의 순간이 과연 쓸모 때문에 찾아오는 것일까? 우리의 뜨거운 심장은 쓸모와 상관없이 용솟음친다. 두근거림이 그립다면 만우절의 유쾌한 일탈을 시도해보는 것은 어떨까? 그 시도가 새로운 인연으로, 새로운 모험으로 우리를 인도할지도 모르니.

내 상식의
기준은 무엇인가?

상식은 시간과
공간에 따라 움직인다

아이고~
빙글빙글 어지러워라

상식이란, 대략 다음의 답변들로 귀결된다. '누구나 알고 있는 것, 모르면 창피한 것, 보편적인 것' 등등. 시대가 공유하는 보편성이 가장 큰 특징이다. 하지만 보편성이란 책으로 공부할 수 있는 것도, 법으로 정해놓은 것도 아닌지라 애매한 경우가 많다(고스톱 룰도 지역마다 달랐다. 지금은 인터넷 게임을 통해 통일되고 있지만).

상식은 가로의 긴 선이다!

"상식 이하야!"라는 말에서 상식의 정체에 대한 단서를 찾을 수 있다. 정확히 무엇인지는 몰라도 특정한 상황에서 특정한 인물을 만나면 '상식 이하'라는 말을 내뱉을 수 있다.

그런데 흥미롭게도 '상식 이하'라는 말은 많이 사용하지만 '상식 이상'이라는 말은 잘 쓰지 않는다. 왜 그럴까? 사회적인 공통분모이며 보편적이라고 받아들여지는 상식이 사실은 개인의 한계를 나타내기 때문이다. 누구나 알고 있어야 한다는 생각이 타인을 공격하는 무기로 사용되고 있는 것이다.

가로로 길게 그려진 선을 하나 상상해보자. 그 선이 바로 상식이며 상식은 결국 '내'가 이해할 수 있는 범위이고 이해하지 못하고 받아들일 수 없는 것은 '상식 이하'가 된다.

상식은 움직인다. 변하고 움직이는 건 사랑만은 아니다. 같은 시간과 공간을 살아가는 사람들은 상식을 공유하고 있는 것처럼 보이지만 상식의 실체는 사실 상당히 다른 모습일 때가 많다. 대한민국과 북한, 미국과 중동, 아프리카와 알라스카 등 같은 시간을 살아간다 해도 기후와 풍습, 이데올로기가 달라지면 상식 역시 달라진다. 같은 공간에서도 시간대에 따라 상식은 그 모습을 달리해왔다. 곰이 마늘을 먹던 시대의 상식, 삼국이 피터지게 싸우던 때의 상식, 양반들이 거들먹거리던 때의 상식, 그리고 지금 대한민국의 상식이 서로 다르듯 상식은 늘 변하고 움직인다. 사랑에 빠져 결혼하는 연인들에게 서로를 사랑하는 마음은 상식일 수 있지만 그들이 헤어질 때 사랑은 더 이상 상식이 아니다.

'그냥 상식'과 '비상식'과 '몰상식'

그런데 상식에도 종류가 있다. '그냥 상식'과 '비상식'과 '몰상식'이다. '그냥 상식'이란 위에서 언급했던 것처럼 일상적이며 보편적인 동시에 가변적인 것을 뜻한다. 그런데 비상식과 몰상식을 구별하는 것은 조금 어렵다. 주로 황당함, 억울함, 짜증남, 어이없음 등의 감정이 발생할 때 내뱉게 되는 단어가 바로 이 두 단어다.

비상식에서 비는 아닐 비非이므로 상식이 아니라는 말이고, 몰상식에서 몰은 잠길 몰沒이므로 상식이 아예 없음을 뜻한다. 고로 비상식은 상식에 대비되는 상황으로, 시간과 공간이 달라지면 상식이 될지도 모르겠지만 지금 여기의 상황으로는 받아들이고 수용하기 어려운 것을 말하고 몰상식은 상식이 아예 존재하지 않기 때문에 이성적인 대화가 불가능한 상황인 경우가 많다.

쉽게 말해 누군가 기이하고 이상한 행동이나 사건을 일으켰을 때, 미간이 찌푸려지지만 헛웃음이 나거나 무시해버릴 만하다면 비상식에 가깝다. 반면 경찰에라도 신고해야겠다는 마음이 든다면 몰상식일 가능성이 크다.

이 세 가지를 '김치'에 비유해보자. 뜬금없이 도착한 택배상자 안에 김치 한 통이 들어 있다. 자취하는 아들이 늘 안쓰러운 고향의 어머니가 보내신 김장김치다. 얼른 김치통의 뚜껑을 열어 새빨간 양념이 윤이 나게 묻어 있는 김치 한 조각을 찢어 입에 넣었다. 이 순간의 빨간색 김치는 참으로 상식적인 김치다. 지역마다 나름의 특산물로 만든 무수히 많은 종류의 김치가 있지만 태양초로 버무린 새빨간 배추김치가 우리 한민족을 대표하는 김치라는 데에는 아무도 이의를 제기하지 않는다. '김치는 무슨 색'이라는 질문에 '빨간색'이라고 답하면 모두가 수긍하는 보편적인 답을 한 것이다.

김치를 한 입 넣자마자 눈물이 왈칵 올라온다. 익숙했지만 잊고 살았던 고향, 그리고 참아왔던 엄마 생각……. 얼른 하얀 쌀밥을 지어 김치와 먹으며 새삼스럽게 행복에 젖어든다.

3일 정도가 지났다. 김치와 엄마와 고향 생각에 행복했는데 슬슬 김치가 지겨워지기 시작한다. 김치찌개도 끓여보고 김치볶음밥도 만들어 먹고 김치전도 부쳐봤지만 김치는 줄어들지 않는다. 지겨워질 때쯤 우리는 딴생각을 한다. 김치가 여자친구는 아니니 양심의 가책을 받을 필요는 없다. 그래서 김치에 별의별짓을 다해보지만《식객》의 주인공 성찬이 아닌 이상 크게 달라질 리는 없다. 그래도 어머니의 김치를 버릴 수 없어서 다양한 조합으로 실험을 거듭하던 중, 마요네즈에 김치를 버무려 먹는 순간 눈이 번쩍 뜨였다. '바로 이 맛이야!'

이 순간 상식적인 김치는 비상식의 세계로 넘어간다. 하지만 비난할 필요도, 비난을 받을 이유도 없다. 자취방에서 김치를 뒤집어쓰고 춤을 춘다 해도 다른 사람은 알 수 없고 알 필요도 없기 때문이기도 하고. 김치에 마요네즈를 섞었다고 해서 잘못될 일도 없기 때문이다.

새로운 김치의 세계에 눈을 뜬 자취생은 귀가시간이 점점 빨라졌다. 한시라도 빨리 가서 사랑하는 '마요김치'를 먹어야 하기 때문이다. 그러던 어느 날 깨달았다. 자신은 마요김치 없이는 한 끼도 먹을 수 없는 사람이 되어버렸다는 것을. 중독되어버린 것이다.

아침과 저녁은 집에서 먹으면 되지만 문제는 점심이다. 자취방에 와서 점심을 먹자니 시간도 많이 걸리고 대인관계에도 문제가 생길 것 같았다. 마요김치를 사람들에게 이해받기는 힘들 것 같고. 고민하던 중 불현듯 중학교 시절 고기반찬을 숨겨 갔던 방법이 떠올랐다.

'그래! 도시락을 싸서 밥 밑에 깔아서 가져가는 거야!'

다음 날부터 자취생은 도시락을 싸서 학교에 갔고 점심시간이면 학교 식당에서 밥을 먹는 친구들 옆에서 도시락을 먹었다. 완벽하게 하루 세끼 마요김치를 먹는 데 성공한 것이다.

그러던 어느 날 매일 반찬 없이 밥만 싸와서 먹는 자취생을 미심쩍게 생각한 선배 한 명이 자취생의 도시락을 강탈했다. 그리고 도시락을 거꾸로 열어젖혔다. 도시락통의 마요김치가 고스란히 드러났다. 아직까지도 마요김치는 몰상식하지 않다. 주변의 친구, 선배, 후배가 경악하며 마요김치를 비난할 수는 있지만 그렇다고 경찰에 신고할 정도는 아니지 않는가? 신고한들 뭐라고 할 것인가? "경찰이죠? 여기 자취생이 우리 고유의 김치에 마요네즈를 섞었습니다!"라고 할 것인가! 오히려 남의 도시락을 강탈해 뒤집은 선배가 몰상식의 대상일 수 있다.

　장난이라고 하지만 마요김치를 비웃는 사람들이 너무 야속하다. 한 입만 먹어본다면 내 마음을 알 수 있을 텐데. 선배를 따라 깔깔대고 웃는 후배를 보니 갑자기 부아가 치밀어 올랐다. 그리고 후배의 먹살을 잡고 입에 마요김치를 강제로 틀어넣으며 소리친다.

　"나를 욕하고 비웃는 건 상관없어! 하지만 내 김치를 비난하는 건 참을 수 없어!"

　드디어 마요김치가 몰상식의 나락으로 떨어지는 순간이다. 어머니가 만들어주신 상식적인 빨간 김치가 마요네즈를 만나서 비상식적인 마요김치가 되었지만 어느 누구에게도 피해를 주진 않았었다. 하지만 욱하는 마음에 후배의 입에 틀어넣는 순간 그 행위는 몰상식이 되어버린다.

상식, 비상식, 몰상식은 사람과 사람 사이의 관계 속에서 규정되고 만들어진다. 상식은 안정적이며 누구에게도 피해를 주지 않는다. 하지만 조금 답답하다. 뭔가 틀 속에 갇혀 있는 것만 같다. 몰상식은 위험하다. 나뿐만 아니라 주변의 사람들을 힘들고 괴롭게 할 수 있다. 비상식은 어떨까? 불안정하고 위태롭지만 타인에게 피해를 주지 않는 한에서는 많은 것을 시도하고 경험할 수 있다. 지금껏 새로움을 발견하고 발명한 사람들은 늘 엉뚱하고 쓸데없는 일을 꾸미고 저질렀던 비상식적인 사람들이었다.

예측할 수 없는 것은 불안정하고 불안하여 믿을 수 없다. 그래서 사람들은 보편적 가치를 선호하고 수용할 수 있는 범위에서의 상식만 인정하고 싶어한다. 그래서 배운 대로 살고 싶어하고 아는 대로만 행동하고자 한다. 하지만 비난받았던 누군가의 비상식이 인류의 진보를 이끌어냈다는 것을 잊어서는 안 될 것이다.

상식이 움직인다는 것, 그 움직임으로 인해 새로운 상식이 생길 수 있고 그것이 새로운 세상을 만들 수 있다는 사실을 알고만 있어도 우리는 수많은 다양성을 이해하고 수용할 수 있게 된다. 그리고 더 큰 행복을 만날 수 있다. 상식이 움직인다면 상식에서 비상식이 되었다가 몰상식의 나락에 빠진 마요김치가 다시 상식이 될 수도 있을까? 물론 그렇다. 눈치 없이 선배를 비웃다가 마요김치 날벼락을 맞은 후배가 깜짝 놀라서 소리친다.

"나에게 왜!?"라고 절규하다가 문득 깨닫는다. 분홍색 김치의 맛이 꽤 괜찮음을. 이 순간 몰상식의 김치는 다시 상식의 반열로 올라온다. 물론 둘만의 상식이겠지만.

편의점에 갔다가 깜짝 놀란 적이 있다. 삼각김밥 중에 '마요네즈 김치맛'이 있다는 것을 알았을 때다. 이것을 진짜 만들어 먹은 사람이 있고 상품으로 이미 시장에 나와 있었다니! 세상에는 이렇게 늘 상상 이상의 사람들이 존재하는 법이다.

내 사랑만
로맨스?

양성평등이 아니라
그냥 성평등이다

자기야...
손목 꺾일 것 같애.

양성평등 교육이 확산되면서 점차 사회적으로 남녀가 동등해지고 있다. 여성은 아직 멀었다고 생각하고, 그간(인류 역사 이래 최근까지) 많은 것을 누리고 살았던 남성은 상대적 박탈감으로 의기소침해지는 시대다. 이렇게 남녀의 동등함을 이야기하는 양성평등이라는 단어가 온전한 평등을 이야기하지 못한다고 외치는 사람들이 있다. 바로 동성애자들이다.

동성애는 분명 존재하며 심지어 문화, 예술, 인문, 과학 분야에 한 획을 그은 위대한 인물들의 이야기 속에서도 심심치 않게 등장하곤 한다. 하지만 그런 성향의 사람을 직접 만나는 경우는 의외로 흔치 않다. 아무래도 우리 사회가 가지고 있는 보수적인 전통과 타인의 시선을 의식하며 살아가는 버릇 때문에 드러내기가 쉽지 않기 때문일 것이다.

동성애는 학생들의 발표 주제로도 드물지 않게 선택된다. 누구나 알고 있지만 실체를 확인하기 쉽지 않으며, 낯설고 이질적이지만 동시에 세상의 소수자에 대해 이야기하고 다수의 바람직한 자세를 논할 수 있기 때문일 것이다. 관건은 '어떻게 접근하고 어떻게 표현할 것인가?'인데, 대체로 세 가지 형태로 나타난다.

실험카메라 형식_

분위기 좋은 카페에서 한 남학생이 스마트폰으로 무언가를 검색하며 연신 싱글벙글한다. 소개팅을 주선받은 그는 매너 좋게 15분 정도 일찍 나와서 혹시라도 모를 2차와 3차를 꿈꾸며 맛집을 검색하고 있다. 더군다나 주선자의 말에 따르면 잠시 후 만날 그녀가 수업에서 발표하는 내 모습을 보고 먼저 소개해달라고 졸랐다는 것이다. 어떻게 24년 모태솔로인 내 인생에 이런 일이 생겼을까! 기쁨과 긴장과 감사와 설렘 등 만감이 교차한다.

잠시 후 어떤 남자가 그의 앞자리에 쭈뼛거리며 앉는다. 기다리던 학생은 '무슨 일이신지?'라는 눈빛으로 쭈뼛거리는 남자를 바라본다. 그 남자는 더듬거리며 묻는다.

"……혹시…… 오늘 소개팅 나오신 거 맞으시죠?"

자신의 상황을 알고 있는 남자가 왠지 반가우면서도 혹시 오늘 나올 그녀에게 무슨 일이라도 생긴 건 아닌지 궁금해하며 답한다.

"네, 그런데요. 무슨 일이시죠?"

"네…… 저…… 사실은…… 제가 부탁한 거라서……."

"네?"

아직 상황 파악이 안 된 남학생은 반문한다.

"제가 부탁했던 거라고……요……."

"네? 뭘 부탁하셨다는 건지……."

"소개팅요……, 오늘 소개팅……."

이쯤 되면 뭔가 감이 오긴 하지만 설마 하는 마음에 다시 묻는다.

"무슨 말씀이신지……."

쭈뼛거리던 남자는 크게 한숨을 쉬고 단호하고도 절망적인 어투로 말한다.

"제가 그쪽이 마음에 들어서 선배에게 소개시켜달라고 부탁했습니다."

남학생은 당황함과 황당함에 어쩔 줄 몰라 하며 공황상태에 빠져버린다.

여기까지는 공통적인 반응이지만 고백 이후의 상황은 천차만별이다. "이해는 하지만 저는 그렇지 않습니다"라며 정중하게 말하는 지성인이 있는가 하면 차마 입에 담지 못할 욕을 하며 자리를 뜨는 사람도 있다.

이런 식의 실험은 몰래 지켜보는 사람에게 즐거움을 주는 것이 사실이다. 하지만 우리는 곧 알게 된다. 그 즐거움은 진짜 유쾌함이 아니라는 것을.

재미있게 보고 웃고 떠들고 난 후, 그 장면들을 다시 떠올리면서 혹시라도 실제로 발생한 일이라면, 그리고 그 둘 중 한 사람이 '나'였다면(그것이 어느 쪽이라 하더라도) 결코 행복할 수 없을 것이라는 걸. 더구나 누군가의 아픔을 보며 즐거워하는 것은 굉장히 잔인한 일이다.

역지사지 형식_

동성애에 관해 가장 잘 알 수 있는 방법은 그런 취향의 사람들이 모인 곳에 가서 그들을 관찰하는 것이다. 동성애 전용 카페나 클럽 등을 검색하고 그중 큰 위험(?)이 없을 만한 곳을 결정한 후 조원들이 단체로 방문하기로 했다. 혹시라도 모를 유혹(?)을 이겨내기 위해서는 개인보다 단체가 좋기 때문이다.

그들은 그곳에서 친구를 사귀고 기념사진도 찍어 발표했다. 사진 속 사람들은 평범했다. 그들의 결론은 '처음엔 두렵고 떨렸지만 막상 만나본 동성애자들도 역시 평범한 사람이다'였다(당연하지 않나? 남들이 사랑하지 않는 사람을 사랑한다고 해서 그가 특별한 건 아니지 않은가? 나처럼 생긴 사람을 사랑해서 결혼해 살고 있는 나의 아내도 대단히 평범한 사람이다!).

쉽게 접근할 엄두가 나지 않는 곳을 방문하고 무용담을 전달함으로써 감탄을 자아내긴 했지만 그들과 진심으로 친구가 된 것 같지는 않았다. 조금 더 냉정하게 생각해보면 그냥 구경하고 온 것이다. 마치 동물원을 다녀온 것 같은 느낌. 사람이 사람을 구경하는 것 역시 몹시 슬픈 일이다.

우리들을 관찰하는 형식_

영리하고 똑똑한 발표였다. 동성애자들이 그들을 바라보는 대다수의 시선을 관찰하면 우리가 어떤 관념으로 그들을 바라보고 있는지를 파악할 수 있기 때문이다.

"당신은 동성애를 어떻게 생각하십니까?"라고 묻는다면 나는 이렇게 대답할 것이다.

"개인적으로 같은 취향이 아니라서 온전히 이해할 수는 없겠지만 그 사람들의 정체성을 존중하고 있는 그대로 받아들이기 위해서 노력할 겁니다. 다르다는 게 틀린 것은 아니니까요. 누구에게나 이해받지 못할 부분이 존재하지 않을까요?"라고.

그런데 이런 관념적 질문이 아니라 좀 더 구체적인 질문을 받는다면 우리는 어떻게 답할까? 예를 들어 당신의 아들이 구레나룻이 덥수룩한 우락부락한 남자를 데리고 와서 "'아버지 제가 사랑하는 사람입니다'라고 한다면 어쩌시겠습니까?"라고 묻는다면?

나는…… 나는…… 질문한 사람을 때릴 것 같다.

관념적 질문에는 이성적으로 답할 수 있지만, 실제 내게 일어나는 일에는 감성적인 반응을 하게 된다. 나는 아직도 속물이기 때문에.

두 명의 남자 조원이 커플티를 입고 다정히 손을 잡고 명동을 활보한다. 남자 조원들이 십자가를 져야 하는 까닭은 우리 정서상 여성들이 손을 잡고 다니는 것은 그리 이상한 일이 아니기 때문이다.

녹색의 옷을 맞춰 입고 행복한 표정으로 손을 잡고 거리를 걷는 두 명의 남자에게는 당연히 시선이 쏠린다. 재미있는 것은 대부분의 사람들이 커플의 뒷모습을 모며 자신들의 의견을 표현한다는 것이다. 깜짝 놀란 사람, 어이없이 웃는 사람, 오만상을 찌푸리는 사람 등등 다양한 표정이 뒤따라가는 카메라에 포착되었다.

그리고 감성적인 재즈음악과 천천히 오버랩되는 사진과 중간중간 화려하지 않은 담백한 자막이 잘 어우러져 자칫 희화화될 수 있는 소재와 주제를 무게감 있게 표현해냈다. 제작과정은 위에서 소개한 방법과 별 차이가 없지만 음악과 텍스트를 잘 활용해서 전개방식을 달리하였고 동성애자가 아닌 그들을 바라보는 일반인들에게 포커스를 맞춤으로써 그들의 이야기가 아니라 우리의 이야기를 만들어낸 것이다.

우리나라 1호 커밍아웃 연예인 홍석천 씨는 자신의 정체성을 발견했다 하더라도 다짜고짜 소문내지는 말라고 충고한다. 시간을 두고 천천히 생각하고 또 생각하면서 준비해야 한다고 한다. 아직까지도 우리 사회에서 여성과 남성을 제외한 또 다른 성에 관대한 시선을 기대하기는 힘들다. 심지어 부모님조차도 받아들이기 힘들기 때문이다. 혼자 일어서고 혼자 감당하며 혼자 살아갈 준비를 하라고 조언한다. 그 모든 준비가 되었을 때 자신의 정체성을 밝히라는 이야기를 들으며 그가 받았을 고통과 서러움의 크기를 가늠해볼 수 있었다.

나는 일반이고 그는 이반이며,

나는 guy이고 그는 gay이며,

나는 이성애자고 그는 동성애자다.

그러면 나는 충분히 정상이고 그는 충분히 비정상인가?

혹은 돌을 던져도 될 만큼 나에게는 죄가 없는 건가?

'양성평등'이 아니라 그냥 '성 평등'이다.

소통과 융합으로 더큰 세상을 만나다

: 새로운 하나가 되기 위하여

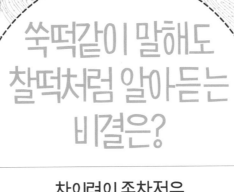

쑥떡같이 말해도
찰떡처럼 알아듣는
비결은?

창의력의 종착점은
통찰이다

한 귀로 듣고
한 귀로 흘리고...

생텍쥐페리의 《어린 왕자》에는 보아뱀 그림이 나온다. 코끼리를 집어삼킨 보아뱀 그림을 어른들은 모자라고 생각한다. 통찰력을 잃어버린 것이다.

사람들은 기본적으로 이기적이다. 자기 경험을 기반으로 세상을 해석한다. 심지어 경험한 것만이 존재한다고 믿는다. 삶을 투쟁으로 바라보는 사람일수록 경험은 종교에 가까워진다.

물론 경험이 쌓이면 지혜가 된다. '지혜'라고 부를 수 있을 정도의 경험이 쌓이면 보아뱀 그림을 모자로 인식하지 않는다. 경험을 쌓는 과정을 진리라고 확신하는 것이 문제다. 완성되지 않은 '지혜'를 채우려면 '상상력'이 필요하다. 혹은 지혜가 상상력을 완성시키기도 한다. 상상력을 잃어버린 사람들은 내면을 들여다보려 하지 않는다. 통계에 의한 확률을 신봉하고 희망이라는 가능성을 믿으려 하지 않는다.

통찰력의 영어 단어 insight(인사이트)에는 '보다'를 의미하는 sight에 '내면'을 의미하는 in이 붙어 있다. 내부를 들여다본다는 뜻이다. 보이지 않는 곳을 상상하고 가려진 진실을 인식하는 것이 바로 통찰력이다.

아이를 키우면서 깨달은 것 중 하나가 아빠가 엄마만큼 아이의 말을 잘 알아듣지 못한다는 것이다. 아이는 다양한 방식으로 열심히 아빠에게 무엇인가를 요구하지만 아빠는 알아듣지 못할 때가 많다. 아빠는 나름 친절하게 아이에게 또박또박 다시 이야기해달라고 하지만 결국 아이는 울음을 터뜨리고 결국 엄마가 와서 일을 해결해낸다.

"어이구, 그래쩌? 아빠가 고걸 안 해줘쩌!"

여전히 알아듣지 못하고 있는 아빠를 한 방에 날려버린다. 아이를 금지옥엽처럼 키우고 매시간 관찰하는 엄마는 아이의 언어가 입에서만 나오지 않는다는 걸 알고 있다. 아이의 억양, 손짓, 발짓, 눈빛 등 언어 이외의 것으로 전달하는 메시지를 읽어내는 것이다. 아마도 이것은 엄마와 아이의 첫 만남이 논리적 대화로 이루어진 게 아니었기 때문일 것이다.

임신한 엄마는 자기 내면의 아이를 상상한다. 볼 수도 만질 수도 없지만 점점 불러오는 배를 보며 아이와 교감한다. 교감의 경험은 그 대상에 대한 통찰을 불러오고 판단의 근거가 된다. 이러한 통찰의 커뮤니케이션을 제대로 적용하지 못하면 큰 오해가 발생하기도 한다.

A : 어제 그거 봤나?

B : 그거 말이가?

A : 그게 그래가 될 일이가!

B : 맞제, 환장할 일이제!

A : 그래가 우째 된다 카드노?

B : 우째 되긴 뭐가 우째 돼! 안 봐도 뻔한 거지.

A : 맞제! 뻔하게 끝나겠제.

B : 맞나?

쑥떡같이 말해도 찰떡처럼 알아듣는 아줌마들의 대화, 통찰의 대화다. 남자는 이런 대화에 끼어들기 힘들다. 이해불가일 뿐 아니라 그런식의 대화는 잘못이라고 생각하기 때문에 바로잡으려 하다가 정작 중요한 의미를 잡아내지 못한다.

그러면 아빠들에게는 왜 이런 통찰의 능력이 없는 것일까? 사회활동을 주로 하는 아빠들은 명확하고 정확하게 의사전달을 해야만 한다. 그래서 '이성과 논리'라는 도구를 사용한다. 자신이 원하는 것을 명확하게 전달해야 오차 없이 업무를 진행할 수 있기 때문에 어설픈 억양, 눈빛, 몸짓을 신뢰하지 않는 버릇이 생긴 것이다.

창의력 교육은 최종적으로 '통찰력'으로 귀결된다. 재미있는 일이다. 타고난 통찰력을 교육으로 인해 잃어버렸는데, 이제는 그것을 되

찾기 위해 다시 많은 시간과 비용을 들이고 있다.

어려운 곳에서 통찰력을 찾지 말고 엄마들을 보자. 나는 엄마가 무얼 원하는지 잘 모르지만 엄마는 내가 무얼 원하는지 잘 알고 있다. 마르셀 뒤샹은 "관찰은 생각의 한 형태고, 생각은 관찰의 한 형태다"라고 말했다. 엄마의 통찰력은 관찰에서 나온다. '아이에게 뭐가 필요할까'를 늘 생각하며 관찰했기에 통찰력을 얻을 수 있었던 것이다.

오늘 오후 전화가 낯간지러우면 문자라도 보내보는 게 어떨까. '엄마, 고마워요', 혹은 '엄마, 사랑해요'라고. 엄마는 아마 이렇게 답장할 것이다. '이기 미쳤나?'라고. 통찰력이란 내면의 의미를 파악하는 것이다. 엄마의 답장 '이기 미쳤나'의 의미를 생각해볼 수 있으면 좋겠다. 다음은 경상도 모녀의 전화통화다. 내면의 의미를 파악해보자.

엄마_ 내다!

딸_ 어~ 엄마!

엄마_ 별건 아니고 이번 주말에 뭐하노?

딸_ 와요?

엄마_ 김치 좀 담았는데 너무 많아서. 와서 좀 가져갈래?

딸_ 봐서.

엄마_ 문디 가시나.

딸_ 엄마! 내 지금 바쁘다!

엄마_ 알았다. 문디 가시나야, 끊어!

〈내면의 이야기〉

엄마_ 내다!

딸_ 어~ 엄마! (또 무슨 잔소리하려고?)

엄마_ 별건 아니고 이번 주말에 뭐하노? (보고 싶다.)

딸_ 와요? (시집 안 간다고 들들 볶으려고?)

엄마_ 김치 좀 담았는데 너무 많아서. 와서 좀 가져갈래? (들들 안 볶을게 와라.)

딸_ 봐서. (이번 주말에는 놀러 가요.)

엄마_ 문디 가시나. (집구석에 처박혀 있을 거면서 바쁜 척은.)

딸_ 엄마! 내 지금 바쁘다! (날 좀 나두세요.)

엄마_ 알았다. 문디 가시나야, 끊어! (그래도 난 널 사랑한다.)

예쁘기만 하면 사랑받나요?

독특함이 사람들을 끌어당긴다

우리 마누라가
훨씬 예쁘네.

모든 것이 살아나는 봄엔 상큼한 사랑에 빠지고 싶다. 태양이 이글
거리는 여름엔 뜨겁게 사랑하고 싶다. 낙엽이 뒹구는 갈색의 가을엔
커피향 같은 사랑을 하고 싶다. 모든 것이 얼어붙은 겨울엔 심장을 녹
일 사랑을 하고 싶다.

사실 날씨는 단지 구실일 뿐이고 우리는 매일매일 사랑을 꿈꾸고
빠지기를 희망한다. 아마 완전해지려는 끊임없는 노력의 소치 아닐까
싶다. 완전한 존재가 되려면 내게 없는 것을 갖고 있는 사람을 찾아
채워 넣으면 된다.

하지만 내가 누구인지도 잘 모르는 우리가 나의 빈 곳에 알맞은 누
군가를 찾기란 쉽지 않다. 그저 나의 결핍을 채워줄 누군가가 어딘가
에 존재해, 그 사람을 만나는 운명의 순간에 감전이라도 된 듯한 짜릿

한 전율에 휩싸일 것이라는 막연한 희망을 품고 살아갈 뿐.

어느 날 갑작스레 찾아오는 가슴 떨림! 멀쩡하던 심장이 갑자기 그 사람 곁에만 서면 요동친다는 것을 깨닫는 순간, 이게 바로 운명임을 감지한다. 나를 완전하게 해줄 사람을 찾았으니 이젠 그 사람이 갖고 있는 나를 두근거리게 하는 그 무엇인가를 받아내기만 하면 나는 완전해진다. 그 사람을 갖기 위해 노력하고 또 노력하고 죽도록 노력한다. 평범한 사람들도 사랑에 빠지는 순간 천재로 변모한다. 사랑을 쟁취하기 위해 우리가 상상하고 계획하고 행동했던 수많은 꼼수를 생각해보라!

비극은 정작 상대방은 자신에게 그런 것이 있는지 전혀 모른다는 것이다. 누군가가 다가와 친절히 대해주고 운명 운운하며 나를 위해 목숨까지 내놓는다는 사실이 고맙기는 하지만 정작 그 사람이 진짜로 원하는 것이 무엇인지는 전혀 모른다.

'그 무엇'을 주기는커녕 보여줄 생각도 않는 상대방을 보면서 사람들은 고뇌에 빠진다. '나 말고 다른 사람에게 준 것은 아닐까?'라는 의심이 들고 안달하고 괴로워하는, 이른바 질투에 빠져버리고 만다. 사랑의 본질은 질투다. 사랑하지 않는 사람이 다른 사람과 함께 다니는 걸 본다고 해서 괴롭거나 슬픔에 빠질 일은 없다. 내가 소유하고 싶은 사람이 내게 집중하지 않을 때, 우리는 속상하고 짜증이 나고 치졸해진다.

사랑하기 때문에 질투에 빠지지만 애당초 질투의 원인은 자신의 빈 곳을 채우고 싶은 이기심 때문이다. 우리는 사랑하는 대상을 위해 헌신하는 것처럼 보이지만 사실 내가 받고 싶은 것을 그 사람에게 보여주는 것일 수 있다. '내가 이렇게 했으니 너도 나에게 이렇게 해줘'라는 암묵적인 강요랄까?

나를 채우고 싶어서 (사랑을 쟁취하기 위해) 내가 부렸던 꼼수에는 어떤 것이 있었을까?

매력이란 무기

이성과 사랑에 대한 호기심은 누구나 가지고 있다. 많은 학생들이 그에 관한 관찰을 하고 실험을 한다. 내가 원하는 사람이 내게 빠져들기를 바라면서.

수강생 다섯 명이 사랑의 접근방식에 관하여 실험했다. 각자 나름의 방식과 노하우를 동원하여 거리에서 만난 사람에게 접근하여 전화번호를 받아오는 미션을 수행했다. 이른바 '헌팅이 어떻게 이루어지는가'에 대한 관찰이다.

첫 번째 학생은 키가 크고 나름 핸섬하고 매너가 좋은 남학생이었다. 연애경력도 있던 그 친구는 부드러움과 배려로 여성들에게 접근했다. 배려의 기본은 상대가 싫어하는 일을 하지 않는 것이다. 편의점, 카페, 그리고 식당에서 아르바이트를 하고 있는 여성에게 다가갔다. 그리고 모두 실패하였다.

왜 실패했을까? 그 친구는 여성들에게 다가가 다정하게 "남자친구 있으세요?"라고 물었다. 그 질문을 받은 여성들은 한결같이 "네, 있어요!"라는 답을 했다. 그러면 그 친구는 매너 있게 물러섰다. 처음 보는 남자의 질문에 "네! 전 남친이 없는 외로운 여자입니다!"라고 답할 여성이 몇이나 될까? 형식적인 배려는 있었지만 여성의 자존심을 배려하지 못했기에 실패한 것이다.

두 번째 학생은 연애경험이 전혀 없는 공대생이었다. 앞선 조원의 실패 원인을 과도한 배려 때문이라고 판단한 그는 터프하고 이기적으로 여성에게 다가갔다. 벤치에 앉아 있는 여성에게 다가가 그는 다짜고짜 전화기를 내밀었다. 그러자 여성은 자리를 박차고 일어났고 그는 그녀를 쫓아갔다. 놀란 그녀는 기겁하며 도주해버렸다. 헌팅을 진짜 사냥으로 인식했던 모양이다.

세 번째 남학생은 우락부락한 근육질의 남성이었고 설상가상 얼굴도 소도둑같이 생겼었다. 그런데 우리의 예상을 뒤집고 자신의 장점을 잘 활용해 좋은 반응을 얻어냈다. 거리에서 여성에게 접근한 그는 사인펜을 여성에게 건네고 다짜고짜 자신의 우람한 알통을 들이댔다. 그리고 "맘에 들어서 그러는데 전화번호 좀 적어주세요"라고 말했다.

여성들은 잠시 놀랐지만 이내 박장대소하며 그의 팔뚝에 전화번호를 적어주었다.

놀라웠다. 하지만 생각해보면 우리는 '의외성'에 반응한다. 이른바 '변수'가 생기면 우리는 상황을 다른 각도에서 재구성해본다. '재미'란 이러한 의외성과 변수에 대한 반응이다. 자신의 장점을 활용하여 재미라는 전략을 구사한 세 번째 친구는 다섯 명 중 네 명에게서 전화번호를 얻어냈다.

네 번째는 여학생이었다. 신입생! 중학생이라고 해도 믿을 만큼 앳돼 보이는 귀여운 여학생이었는데 다섯 번 시도해서 다 성공했다. 세상 모든 남자들이 그녀에게 친절했고 그녀가 시키는 일이라면 뭐든 다 해줄 것만 같았다. 심지어는 홀로 앉아 밥을 먹고 있는 남학생의 앞자리에 앉아서 그 남학생에게 손수 '쌈'을 싸달라는 무례한 요구마저도 관철시켜버렸다. 그야말로 '올 킬'이었다. 남자란 그렇다!

다섯 번째는 4학년 여학생이었는데 앞선 새내기에게 자극을 받은 그녀는 자신도 식당에서 미션을 진행하겠다고 고집을 부렸다. 두 명의 남학생이 앉아 있는 식탁에 가서 그녀는 조용히 물었다. "합석해도 될까요?" 그들의 반응은 싸늘했고 자신들의 옆자리를 움켜쥐고 내주지 않았다. 그녀는 실패의 원인을 두 명이 앉아 있었기 때문이라고 믿었다(믿고 싶었을 것이다). 그래서 다음엔 혼자 외로이 밥을 먹는 남학생에게 접근했다. 그런데 그녀가 맞은편 의자에 앉으려는 찰라 그 남학생은 벌떡 일어나 다른 테이블로 자리를 옮겨버렸다. 허탈해진 그녀는 공허한 마음을 달래기 위해 외모지상주의를 비판하기 시작했다.

쓸쓸하지만 결론은 '예뻐야 된다' 혹은 '예쁘면 다 된다!'였다. 하지만 희망도 있었다. 자신의 장점을 활용하여 재미를 줬던 소도둑같이 생겼던 남학생! (근육이 필요한 건가?)

한 사람이 가진 무한한 매력과 잠재력을 보려면 많은 시간을 함께 해야 한다. 첫인상은 그런 매력과 잠재력으로 들어가는 첫 관문이다. 본질을 꿰뚫어볼 수 있는 통찰을 갖기 힘든 우리는 첫인상으로 만들어진 편견에 의지할 수밖에 없다. 그 한계는 인정해야 한다. 하지만 자신만의 특징과 장점을 사랑하고 자랑스러워한다면 남들과 차별된 독특함으로 사랑받는 '볼매'가 될 수 있을 것이다.

사랑의 실천이 대체 뭐죠?

사랑에는
책임이 따른다

역시~
중요한 건 실천이라구

참 좋은 말이다. 사랑을 실천한다는 것. 그런데 애매하기도 하다. 사랑이란 무엇이며 누구를 사랑해야 하며, 또 그것을 실천한다는 건 구체적으로 무엇일까? 미디어에서, 강의에서, 교회에서 어렵지 않게 들을 수 있는 말이라 그냥 흘려버릴 수도 있다. 하지만 '사랑의 실천'은 말처럼 그리 쉽지만은 않다. 사랑에 대한 사전적 정의는 존재하지만 사랑에 대한 기억은 각기 개별적이고 추상적이다. 그리고 추상적인 것을 실천한다는 것은 음악을 그림으로 그려내는 것만큼 애매하다.

'사랑의 실천'에 대해 논하라고 하면 서먹서먹한 분위기가 남아 있는 팀의 경우 대체로 지구, 혹은 인류애에 관한 이야기들을 나눈다. 어떻게 해야 환경을 보호하고 지구 온난화를 방지하며 인류가 바람직한 방향으로 나아갈 수 있는지를 논한다. 그럴 수밖에 없을 것이다.

그런데 좀 활기 넘치는 팀도 있다. 이미 친한 사이거나 별도의 모임을 통해 서로의 바닥을 확인한 상태인 경우가 많다. 그들 사이에는 내밀한 이야기가 오간다. 현재의 이성친구에서 과거 이성친구까지, 그리고 첫 만남, 첫 키스, 첫 경험 등등.

하나의 문장에서 시작된 난상토론이 끝날 즈음 그들은 구체적인 발표 방식을 결정하여 실천에 들어간다.

앵벌이 따라잡기_

굉장히 어려운 일인 듯하지만 마음만 먹으면 쉽게 할 수 있는 사랑의 실천이 '나눔'이다. 거리에서, 버스에서, 지하철에서 만나는 걸인들에게 동전 하나만 전달해도 사랑은 실천되는 것이기 때문이다.

하지만 이 경우 발표 때문에 걸인을 돕는다는 게 왠지 선거를 앞두고 고아원을 찾는 얄팍한 정치인처럼 보일 것 같아 찜찜한 마음이 든다. 그런 고민 끝에 직접 걸인이 되어보자는 의견이 나왔다. 하지만 걸인이 되어 돈을 얻는다고 해도 그건 사랑의 실천이라 보기 힘드니, 그들은 걸인처럼 지하철과 버스를 돌아다니되 돈을 얻는 게 아니라 나눠주기로 했다.

그들은 각자의 저금통을 털어서 100원짜리 동전을 모았다. 그리고 명함 크기만한 종이에 "얼마 안 되는 작은 돈이지만 사랑을 나눕니다"라는 문구를 적고 준비한 동전을 붙였다. 그렇게 만든 동전 명함을 버스 승객들에게 나누어주었다. 우리가 가끔 버스에서 보는 앵벌이들과 형식은 비슷하지만 내용은 정반대인 것이다. 그런데 그것을 받아든 버스 승객들의 반응이 재미있었다.

무언가 불합리하고 불쾌한 거래가 시작될 거라는 선입견이 든 승객들은 떨떠름한 표정으로 학생들의 유인물(?)을 받아들었다. "얼마 안 되는 작은 돈이지만 사랑을 나눕니다"라는 문구를 읽은 승객들은 마땅히 자신들이 고정관념을 가졌었음을 깨닫고 기쁨과 감사의 표정을 지어야 했지만 현실은 그렇지 않았다. 그들의 표정은 '세상에 공짜는 없다!'였고 '그래서 너희가 진짜로 원하는 게 뭐냐!'였다.

100원짜리 동전 뒤에 숨겨져 있을지도 모르는 함정을 경계하고 학생들의 의도를 파악하려 긴장한 표정이 역력했다. 학생들은 "우리는 한양대 학생들입니다. 한양대의 이념인 사랑의 실천을 직접 체험하려 우리가 모은 돈을 여러분께 드립니다. 비록 작은 돈이지만 유쾌한 하루를 시작하는 데 도움이 되었으면 합니다!"라고 말하고는 다음 정류장에서 내려버렸다. 승객들은 그제야 미소를 지었지만 몇몇 승객들은 그런 거 필요 없으니 가져가라며 역정을 내기도 했다.

승객들의 반응은 학생들의 예상과 일치하지 않았지만 학생들은 그 상황을 더욱 흥미롭게 받아들이기 시작했다. 자신들의 선한 의도로 인해 나타나는 사람들의 다양한 반응을 즐기기 시작한 것이다. 그러자 더욱 용감하고 과감해졌다. 버스와 지하철, 그리고 학교 도서관을 종횡무진 누비기 시작했다. 동전을 나누어주는 작은 실천이었지만 사람들에게서 의외의 반응을 발견할 수 있었고, 그로 인해 우리가 얼마나 서로를 경계하며 살아가고 있는지를 목격한 것이다.

입장 바꿔서 생각해보자. 길을 걷거나 버스에 타고 있는데 누군가 다가와 아무 대가 없이 돈을 준다고 생각해보자. 나는 어떤 생각이 들까? 나 역시 선뜻 받아들이기 힘들 것 같다. 그리고 집에 가서 아이들에게 이야기할 것이다.

"오늘 낮에 길에서 낯선 사람이 그냥 돈을 준다고 했는데 아빠는 용기 있게 거절했어! 너희들도 낯선 사람이 맛있는 거 사준다고 해도 절대로 따라가면 안 된다!"

사랑에도 끊임없는 의심과 검증과 확인이 필요한 시대다.

할 줄 알아? _

"해봤어?", "벌써 했어?", "어땠어?"

이런 질문을 받는 순간 어떤 상상을 하게 되는가? 햅쌀을 산 엄마는 밥을 떠올릴 것이고, 학생들은 과외를 떠올리기도 할 것이고, 얼리어답터는 스마트폰의 새로운 어플을 떠올릴 수도 있겠다. 질문 받는 장소와 상황과 상대와 말투에 따라 텍스트 너머의 의미가 달라진다.

에너지 넘치는 20대 젊은이들에게, 별다른 공통점이 없는 무리에게, 혹은 가식 없는 관계의 사람에게 "해봤어?", "할 줄 알아?"라는 말은 어떻게 인식될까?

바로 섹스다! 왠지 부끄럽고 이야기하면 안 될 것 같은 성性! 학교에서의 성교육이 너무 하품이 나서 친구들에게 받은 자료로 자습을 해왔던 성! 어른이 되면 저절로 알게 된다지만 선거권이 생겨도 여전히 알지 못하는 성! 과장과 왜곡으로 오해하고 곡해하는 성!

가슴이 두근거리는 것이 사랑 때문인지, 죄의식 때문인지. 초고속 인터넷은 세상과 소통하기 위한 것인지, 세상의 야동을 수집하기 위한 것인지. 고화질의 카메라는 일상을 기록하기 위한 것인지, 치마 속을 도촬하기 위한 것인지. 지구를 정복할 수 있었던 것도 성 덕분이오, 문명과 문화의 발전에도 성에 대한 내밀한 욕망이 큰 역할을 했음을 애써 부정할 필요는 없을 것이다.

결혼 적령기가 있어야 하는 것인지 잘 모르겠지만 할아버지 할머니들은 분명 지금보다 일찍 결혼했다. 부모님들도 지금 시대보다 일찍 결혼했다. 그리고 그들은 일찌감치 서로를 통해 사랑을 실천할 수 있었다. 그런데 지금은 대학을 졸업하고 직장을 잡고 어영부영하다 보면 서른은 기본이다. 좋은 차도 갖고 싶고, 최신 스마트폰도 가져야 한다. 물론 스타일리시한 의상도 입어야 하고 럭셔리한 곳에서 와인도 한잔 해야 한다.

그런데 웨딩마치가 울리는 바로 그 다음 순간부터 상상을 초월하는 일들이 벌어진다(시아버지, 시어머니, 시동생, 시누이, 동서, 장인, 장모,

처남, 처형, 조카들…… 결혼사진 속의 인물들이 몽땅 내 인생에 들러붙는 것이다). 거기다 '너 같은 자식 낳아보라'는 엄마들의 저주 때문인지 혜성처럼 등장하는 아이들로 인해 럭셔리한 인생은 미궁으로 빠져든다. 사랑만 있으면 뭐든 할 수 있었던 시절도 있었지만 현대인들의 욕망은 사랑보다 거대한 것이 되어버렸다. 그래서 결혼을 '사랑의 시작'이 아니라 욕망의 실현을 위한 '거래'라고 생각하는 듯하다.

거래가 늘 성공적일 수는 없다. 하물며 인생을 담보한 결혼이라는 거래는 여간 부담스러운 것이 아니다. 환불과 반품이 가능하다 해도 치명적인 상처를 입을 수 있기 때문이다. 이 골치 아픈 결혼을 안 한다면?

결혼을 하지 않거나 늦춤으로 나름 다양한 것을 누리며 살아갈 수 있겠지만 '인간의, 아니 모든 생명체의 기본적인 욕구인 '성욕'은 어떻게 해야 하는가?' 하는 문제에 봉착하게 된다(물론 섹스하기 위해 결혼하는 것은 결코 아니지만 절대로 아닌 것도 아니다).

방법이 없는 것은 아니다. 자위를 하거나 아니면 돈으로 해결할 수 있는 곳에 가면 된다. 하지만 이 땅에서 위 방법들을 떳떳하고 당당하게 공론화하기는 힘들 것이다. 굵은 대바늘로 허벅지를 찌르며 참아야 하겠지만 만물의 영장이라는 이유로 스스로를 학대하는 것도 마뜩찮은 일이다.

여기에 좋은 방법이 있다. 아주 전통적이 방법이다. 예를 들어 학생들에게 도박과 노름의 위험을 교육하는 선생님이 친구들과 화투를 치는 것처럼, 녹색 불일 때 건널목을 건너야 한다고 말한 엄마가 무단횡단을 하는 것처럼, 야누스적인 전통을 이용하는 것이다. 앞에서는 도덕적으로 완벽하다고 떠들어대고 뒤에서는 하고 싶은 짓을 서슴지 않고 하는 것이다. 하고 싶은 사람을 꼬드기고 하고 싶은 자세(야동을 통해서 자습했던)를 취해보고 지겨워지면 떠나면 된다. 그런 걸 쿨하다고 생각하면 된다. 단, 부모님께만 이야기하지 않으면 된다. 설령 부모님이 아신다고 해도 크게 문제가 되진 않는다. 부모님은 결국 내 편이기 때문이다.

> **청춘의 자유에 필요한 것은 '쿨한 핑계'가 아니라 '책임'이다.**

하지만 위와 같은 행동은 진정한 자유를 꿈꾸는 청춘들에게는 어울리지 않는다. 청춘의 자유에 필요한 것은 '쿨한 핑계'가 아니라 '책임'이다. 팀명 '할 줄 알아?'의 발표자는 여학생이었다. 교단을 둘로 나누어 오른쪽에는 발표자가 서고, 왼쪽에는 커다란 흰 천을 커튼처럼 드리웠다.

첫 번째 이야기는 키스였다. 다양한 방법으로 키스를 할 수 있다는 것은 잘 알지만 그 다양한 방법에 붙은 이름이 재미있었다. 그리고 발표의 방법은 그보다 더 재미있었다. 마분지 박스를 잘라서 커다란 입을 만들었다. 예쁘게 입술 모양으로 색지를 붙여서 두 개의 입술을 만들고 두 명의 학생이 각각 들고 하나하나의 키스 방법이 소개될 때마다 박스 입술로 시연(?)을 했는데 청중의 마음을 사로잡은 것은 디테일한 키스를 재현하기 위한 혓바닥 장치였다. 입이 열릴 때마다 빨간 고무장갑을 낀 손이 나타나서 혀의 역할을 재현한 것이다. 사진으로 보여주기에도, 실제로 재현하기도 애매한 내용을 박스와 고무장갑으로 유쾌하게 해결하였다.

〈키스의 종류〉

버드 키스bird kiss 새들이 부리를 부딪치듯 가볍게 입술을 살짝 대는 키스. 뽀뽀라고도 함. 키스의 입문이자 진도의 출발점.

주의 : 격한 감정이 동반되면 앞니가 부러질 수도 있다.

프렌치 키스french kiss 프랑스식의 깊은 키스. 인사이드inside kiss라고도 불려도 할 말 없음. 입술과 입술의 가벼운 슬라이딩으로 시작해 금붕어처럼(?) 입술을 게슴츠레 열어 입술과 혀를 부비는 키스. 프랑스 사람들이 폼 나게 한다고 해서 프렌치 키스라는 이름이 붙었다는데, 우리도 잘할 수 있다!

주의 : 감정제어가 잘 안 되어 진도를 빼고 싶은 욕망에 사로잡힐 수 있다. 눈을 뜨고 상대를 쳐다보면 감정의 흐름이 끊길 수 있기에 눈을 감고 하는 것이 좋지만 살짝살짝 한쪽 눈을 떠서 상대의 상태와 감정의 깊이를 확인해야 계속 갈 것인가 멈출 것인가를 알 수 있다.

이팅 키스eating kiss 입속에 무언가 음식물을 넣어두었다가 전달해준다. 어찌 보면 엄마 제비가 새끼 제비에게 먹이를 물어다 주는 것 같다고나 할까. 정말 사랑하는 사이거나 진짜 배고플 때 가능하다.

주의 : 가급적이면 달콤하면서 견고한 식품이 좋다. 드라마 〈아이리스〉에서 선보인 이병헌과 김태희의 사탕키스가 좋은 예다. 김치찌개, 삼겹살, 짜장면 등은 생각만 해도 이상하지 않은가?

크림 키스cream kiss 거품 키스라고도 불린다. 상대의 입술에 묻은 생크림 등을 내 입술이나 혀로 닦아준다고 생각하면 된다. 최근의 커피 열풍과 드라마 〈시크릿 가든〉의 영향으로 카푸치노를 먹고 나서 많이들 한다.

주의 : 꼭 사랑하는 사람과 해야 한다.

스케일링 키스scaling kiss 스케일링하듯 혀로 상대의 이빨을 쓰다듬는다.

주의 : 정말로 스케일링을 원하면 곤란하다. 고춧가루, 미나리 등 잔존물이 많이 남는 음식을 먹었다면 미리미리 제거해두는 것이 좋다.

위에서 나열한 키스의 종류와 이름을 숙지하지 못했다 하더라도 상관없다. 중요한 것은 감정의 교감이지 '오늘은 어떤 종류로 할까?'가 아니기 때문이다.

〈이런 키스 정말 싫다〉

1. 키스만 하자더니 진도 빼려고 할 때!

2. 무작정 혀부터 들이밀 때!

3. 키스하다가 신음소리 낼 때!

4. 키스하다가 침 흘릴 때!

5. 키스하는데 재떨이 냄새 날 때!

두 번째 이야기는 체위였다. 발표자는 성행위의 다양한 체위를 나열하기 시작했다. 모르는 것은 아니지만 대놓고 이야기하니 왠지 민망하고 자꾸 상상이 되어 그러지 않기 위해 노력하는 모습들이 역력했다. 여기서부터 교단의 절반을 차지하고 있던 커튼의 정체가 드러났다.

발표자가 체위를 이야기하면 그 형상이 커튼에 그림자로 나타났다. 충격을 받고 경악하는 분위기가 되어야 했지만 우리는 박장대소를 했다. 그림자가 너무 허술했기 때문이었다. 얼핏 봐도 가발이라는 게 표나는 여성 역할 그림자와 난감해 어쩔 줄 몰라 하는 쫄티와 쫄바지의 더벅머리 그림자. 실제 신체접촉을 하고 싶지 않아 한다는 것이 한눈에 봐도 너무 티가 났다. 체위 설명이 끝난 뒤 인사를 하기 위해 커튼에서 나온 남학생들은 땀범벅이 되어 있었고, 우리들은 웃느라 눈물범벅이 되었다.

세 번째 이야기는 생명의 생성과 낙태였다. 임신 주기별 태아의 모습과 귀엽고 사랑스러운 아이들의 사진, 그리고 동시에 낙태의 참혹한 모습과 영상이 소개되었다. 앞서 발표된 내용과 모습에서 남모르게 흐뭇해했던 청중들이 이번에는 당혹감을 감추지 못했다.

사실 이 팀의 이야기는 중·고등학교에서 접했던 성교육 방식을 답습하고 있었다. 하지만 사실적이고 실제적인 소재와 과감하고 유쾌한 표현으로 발표의 핵심인 낙태의 참혹함과 무책임함에 대해 큰 공감을 이끌어낼 수 있었다.

네 번째 이야기는 피임이었다. 각 팀의 대표를 불러내어 그들에게 오이와 콘돔을 나누어주었다. 그리고 바른 착용법 콘테스트를 하였다. 잘못 씌우면 못 씌워서 욕먹고 잘 씌우면 잘 씌웠다고 의심받는 이상한 콘테스트였다. 생리를 하는 여성의 심리와 다양한 피임의 방법을 소개하며 그들의 주제어인 '할 줄 알아?'에 대한 설명을 이어나갔다.

자연스러운 신체의 변화와 부자연스러운 교육 사이에서 방황하고 표류하는 청춘들에게 "할 줄 알아?"라는 말이 "섹스할 줄 알아?"가 아니라 "생명에 대한 책임을 질 줄 알아?"로 "언제 해봤어? 얼마나 해봤어? 어떻게 해봤어?"가 아니라 "너의 몸을 사랑할 줄 알아?"로 인식될 수 있기를 희망했다.

사랑의 실천은 어렵다. 세상의 가식적 잣대에 길들여지지 않기를. 이중적인 세상에 익숙해지지 않기를. 무책임을 쿨함으로 포장하지 않기를. 그리고 누락되는 생명과 양심이 없기를.

섬광 같은
찰나는
어떻게 만나나?

영감의 단초는
내 마음속에 있다

영감은 느닷없이 찾아온다고들 생각하지만, 사실은 어딘가에 깊이 몰두하고 있을 때 찾아온다. 그 무엇인가에 사로잡혀 의식과 무의식 속에서 간절히 원할 때 그 모습을 드러낸다. 머리를 식히기 위해 목욕탕에 앉아 있던 아르키메데스Archimedes가 부력을 발견한 것과 사과나무 아래서 멍 때리고 있던 뉴턴Isaac Newton에게 만유인력이 떠오른 것은 결코 우연한 사건이 아니라는 뜻이다. 아르키메데스는 목욕탕에 들어 앉은 최초의 인간이 아니었고 떨어지는 사과를 목격한 사람이 뉴턴만이 아니었음에도 그들에게 이런 영감이 찾아온 이유는 그들이 그것을 강렬히 원하고 있었기 때문이다.

성경 속 인물인 사도바울은 원래 크리스천들을 색출하고 고문하고 폭행하여 기독교의 싹을 없애려 했던 '사울'이었다. 그러던 그가 섬광과 함께 하나님의 음성을 경험한 이후 기독교 역사에서 가장 중요한 사람으로 변한다. 그리스도인을 핍박한 수많은 사람들 중 왜 하필 사울에게만 그런 영적 경험이 찾아온 것일까? 정확한 것은 하나님만 알겠지만 어설프게 사울의 입장이 되어 상상해보자.

그는 무지막지한 폭력에 굽히지도 꺾이지도 않으며 심지어는 끊임없이 저항하는 그리스도인을 납득할 수 없었을 것이다. 자신만만한 사람들은 자신의 계산이 맞아떨어지지 않을 때 당황한다. 세상 모든 것이 자신의 범의 내에 있을 것이라 생각했고, 또 지금껏 그래왔는데 범위 밖의 상황을 만나는 순간, 그들은 광기를 드러내거나 아니면 진심으로 겸손해진다. 자신의 계산이 어긋나고 자기 범위 밖의 인간을 만나면서 사울은 궁금해졌을 것이다. 이 모든 일의 원흉인 '예수'에 대해. 그리고 그 궁금증이 갈망이 되고 결국 강렬한 영적 체험의 근원이 된 것 아니었을까?

타인의 정답을 고민하는 사람은 결코 확신의 열쇠인 영감을 얻을 수 없다.

성공한 CEO들은 어디선가 영감을 얻었고 그로 인해 성공했다는 이야기를 많이 한다. 하지만 평범한 사원들이 영감을 통해 문제를 해결했다는 이야기는 듣기 힘들다. 물론 사원들의 이야기를 들을 기회가 많지 않아서일 수도 있지만 분명 '영감'은 무언가를 책임져야 하는 사람들에게 주로 나타난다. 그 '무언가'를 끊임없이 의식하고 골똘히 생각하기 때문이다. 반면 일반 사원에게는 그럴 환경이 잘 허락되지 않는다. 소신껏 생각하고 창의적으로 몰입하기에는 눈치를 너무 많이 봐야 한다.

나의 의견이 비웃음을 사면 어떡하나? 상사에게 책망받으면 어떡하나? 인사고과에서 감점 받으면 어떡하나? 윗사람들에게 잘못 보이면 어떡하나? 걱정은 끝이 없다. 타인의 정답을 고민하는 사람은 결코 확신의 열쇠인 영감을 얻을 수 없다.

영감 얻기 프로젝트

에디슨은 '천재는 99퍼센트의 노력과 1퍼센트의 영감으로 만들어진다'고 말했다. 1퍼센트의 영감이 없는 사람도 열심히 99퍼센트의 노력을 기울이면 천재가 될 수 있을 것 같은 뉘앙스를 풍긴다. 하지만 원래 이 말은 아무리 노력한다고 해도 1퍼센트의 영감이 없으면 결코 천재가 될 수 없다는 뜻이었다고 한다. 물론 영감과 노력이 모두 중요하지만, 우리는 왜 이날 이때까지 노력 쪽에 무게를 두고 생각해왔던 것일까?

문제는 한 신문기자로부터 시작되었다. 에디슨은 인터뷰를 하며 노력도 중요하지만 영감이 없었다면 이렇게 많은 발명을 하지 못했을

거라며 자신에게 영감이 있었음을 강조했다. 결국 자신이 천재임에도 불구하고 노력을 게을리 하지 않는 사람임을 자랑한 것이다. 일반적인 천재와 달리 노력까지 하는 위대한 천재.

에디슨이 위대한 인물이긴 했지만 이 이야기는 영감 없이 살아가는 평범한 사람들에게는 결코 희망적인 이야기가 아니었다. 언론인들은 이야기의 관점을 바꾸는 능력을 가지고 있다. 당시 기자는 99퍼센트의 무의미함을 이야기한 에디슨의 이야기를 살짝 틀어서 99퍼센트의 노력을 강조했고, 그로써 평범한 사람들의 땀과 노력의 가치를 부각시켰다.

평범한 사람들에게는 꿈과 희망을 준 에디슨의 명언이 사실 1퍼센트의 영감을 강조한 것이라는 사실에 묘한 배신감이 느껴진다. 하지만 생각해보면 틀린 이야기가 아니다. 1퍼센트의 영감 없는 99퍼센트의 노력이 무슨 소용일까? 왜 사는지도 모르고 그저 악착같이 살아가는 사람이나 다를 바 없지 않은가. 영감 없는 99퍼센트의 노력은 우울증의 원인이 될 뿐이다.

그렇다면 생산적이며 긍정적인 삶에 필수적인 영감을 어떻게 얻을 수 있을까? 학생들에게 "어떻게 해야 영감을 얻을 수 있을까?"라는 제목의 과제를 냈다. "할머니에게 물어보면 알 수 있다"는 답을 낸 학생에게는 C⁺(씨뿔)을 줬다(마음 같아선 개뿔도 주고 싶지 않았다). 암담한 과제였을 것이다. 영감의 순간을 경험한 적이 별로 없었을 테니.

영감은 로또가 아니다. 하늘에서 뚝 떨어지는 것처럼 이야기들 하지만 결코 그렇지 않다. 어딘가에 사로잡혀서 간절함을 갖는다면 그속에서 영감을 만날 가능성이 있다. 아무것에도 사로잡힌 적이 없다 해도 그리 실망할 필요는 없다. 끊임없이 나를 관찰해서 내가 좋아하는 것, 즐거운 것, 행복한 상태를 찾아내면 된다. 그것이 출발점이다. 나를 행복하게 만드는 소소한 것들을 구체적으로 찾아내 메모하고 실행하면 된다. 비록 인류사에 길이 남을 천재가 되지 못하고 99퍼센트의 노력을 이끌어내지 못한다 해도 최소한 삶의 원동력은 얻을 수 있을 것이다.

어느 날 사람들이 미소 지으며 콧노래를 부르는 내게 물을 것이다.

"뭐가 그리 즐겁나요?"

그땐 이렇게 대답하며 그냥 웃어주면 된다.

"그냥요~."

바락바락 99퍼센트를 채우지 않더라도, 1퍼센트의 영감 벼락을 맞지 못해도 우린 충분히 행복해질 수 있다.

1퍼센트 소소한 행복의 순간

거친 종이를 긁어대는 연필과 만년필 소리, 사정없이 쓰레기통에 던져버리는 다 쓴 볼펜, 아메리카노의 쓴맛을 없애려 마시는 한 모금의 물, 야구게임에서 끝내기 안타를 맞고 담배 피워대는 친구를 위로하는 가식, 국내외 정세에 대한 대책 없는 수다, 선풍기 앞에서의 라면, 문화와 예술에 대한 허세 떨기, 하늘 한번 보고 눈부신 척 인상 한번 쓰고 〈영웅본색〉의 주윤발을 상상하며 선글라스를 꺼내 슬로모션으로 착용하기, 하영이와 자전거 타고 동네 한 바퀴, 목말 태워달라는 하은이의 눈웃음, 기차에서 보는 한 편의 영화, 생방송 직전 밀려오는 긴장감, 운전하며 듣는 야구 중계방송, 배탈 났을 때 마시는 매실 진액, 모둠 소시지를 먹기 위한 맥주의 첫 반 잔, 수저와 그릇을 잘 분리해둔 설거지 준비, LP판 위에 바늘을 올려놓는 조심스러운 순간, 고맙다는 인사에 별것 아니라는 듯 겸양 떨기, 새근새근 잠든 아이들의 얼굴 물끄러미 보기, 친정 가는 와이프의 짐 챙겨주기……

영감만큼 강렬하지는 않지만 삶의 원동력이 되어주는 소소한 순간들.

"1퍼센트의 소소함이 99퍼센트의 삶을 채워간다."

사랑에
빠진 나는
진짜 나인가?

사랑에 빠지면 운명도
만들어낼 수 있다

요즘의 나날이 바쁜 학생들은 늦은 밤이 되어야 회의할 시간을 맞출 수 있다. 회의는 SNS를 통해 진행된다(여기서는 각자의 프라이버시를 위해 가명을 사용했다).

각자 좋아하는 것을 이야기해보세요~

   ㄴ, 나는 이런 거요.

   ㄴ, 저는 요런 거요.

   ㄴ, 요런 건 어떻고.

   ㄴ, 저런 건 어떻고.

   ㄴ, …….

끝 없는 댓글 속에서 일관되게 무시를 당하는 글이 있다. 학점에 큰 부분을 차지하는 발표를 준비하는 만큼 진지해야 하는데, 개인적 욕망을 구현하려고 하면 곤란하다. 작업용 멘트가 섞이는 경우 아무런 호응을 이끌어내지 못하는 건 당연하다. 학점 교류 프로그램으로 한양대 수업을 듣는 체육대학 소속의 '창주'라는 학생이 있었다. 주제와 소재를 찾기 위해 심각하고 예민한 대화가 오가는 와중에 창주 군은 낮에 봤던 자연대 소속의 혜경 양을 찾는 문자만 줄기차게 올렸다.

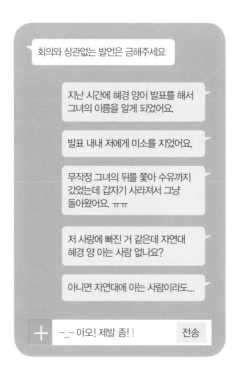

회의와 상관없는 발언은 금해주세요

지난 시간에 혜경 양이 발표를 해서 그녀의 이름을 알게 되었어요.

발표 내내 저에게 미소를 지었어요.

무작정 그녀의 뒤를 쫓아 수유까지 갔었는데 갑자기 사라져서 그냥 돌아왔어요. ㅠㅠ

저 사랑에 빠진 거 같은데 자연대 혜경 양 아는 사람 없나요?

아니면 자연대에 아는 사람이라도...

+ -_- 아오! 제발 좀!   전송

회의가 산만해지고 이야기가 산으로 가는 것을 막기 위해 조장은 창주 군의 문자에 경고를 주었다. 회의와 상관없는 발언을 금해달라고. 사랑에 눈이 먼 창주 군에게 조장의 경고 따위가 안중에 들어올 리 없었다. 그는 계속해서 혜경 양만을 찾았다.

그런데 이렇게까지 간절하면 사람의 마음이 움직이기 마련이다. 그의 문자가 조원들의 관심을 받기 시작했다. 그러던 중 뒤늦게 합류한 여자 조원이 앞의 이야기를 읽고 깜짝 놀라 글을 올렸다.

"자연대의 혜경이?!"

이것은 분명 그녀를 아는 사람의 반응이며 창주 군에게는 한줄기 희망의 빛이었다. 회의가 산으로 가는 걸 넘어 산 정상에 다다랐음을 감지한 조장은 역발상을 시도했다.

"그럼 차라리 연애조작단을 해볼까?"

그들에게 영감이 떠오른 순간이었다. 사랑은 언제나 흥분되지만 그중에서도 가장 강렬한 순간은 첫 만남일 것이다. 운명이라는 착각의 시작이기 때문이다.

그들은 영화 〈시라노 연애조작단〉처럼 연애를 조작해보기로 했다. 영화와 현실은 많이 다르겠지만, 실제로 구현해낸다는 생각만으로도 꽤 흥미로웠다. 창주 군이 정말 연애를 시작할 수 있게 조작할 수만 있다면, 그리고 그 과정을 일목요연하게 알아볼 수 있도록 영상을 편집하면 충분히 좋은 발표가 될 것이라는 확신이 들었다.

영감은 행동을 위한 확신을 준다. 영감을 얻은 팀은 치밀하고 일사분란하게 움직이기 시작했다. 우선 자신들이 가진 자료를 정리했다.

이름_ 이혜경

소속_ 자연대 2학년

이상형_ 모름   **혈액형_** 모름   **주거지_** 모름

좋아하는 음식_ 모름   **현재 연애상태_** 모름

......

몰라도 너무 모른다는 결론에 도달했다. 백전백승하려면 지피지기 해야 하듯 연애 역시 정보전이다. 그녀를 알아야 그녀에게 다가갈 수 있다. 걱정할 필요는 없다! 그들은 이미 영감 덕분에 탄력을 받은 상태이기 때문이다. 놀라운 아이디어들이 쉼 없이 쏟아져 나왔다.

그들은 설문조사를 기획했다. '대학생의 이성교제'라는 그럴싸한 타이틀을 달고 설문 항목을 선정했다. 다음은 설문 전문이다.

평범해 보이는 문항이지만 그 의도를 알고 한 문장 한 문장 읽어보면 굉장히 치밀함을 알 수 있다. '왜 개인의 취향을 물어보나?' 하는 의문이 들 수도 있지만 익명성의 보장은 그런 의구심 자체를 차단한다.

대학생의 이성교제

본 설문은 심리학 수업 과제로, 여대생의 연애 및 문화생활에 관한 것입니다. 본 설문은 익명으로 진행되며, 순수하게 과제 수행 및 통계 학술 연구로만 쓰일 것을 약속드립니다. 성실하게 답하시고 제출해주시면 감사하겠습니다.

1. 귀하는 현재 남자친구가 있으십니까?
① 네 ② 아니오

1-1) 있다면 사귄 기간은?
① 3개월 미만 ② 6개월 미만 ③ 1년 미만 ④ 1년 이상

1-2) 없다면 솔로로 지낸 기간은?
① 3개월 미만 ② 6개월 미만 ③ 1년 미만 ④ 1년 이상

2. 만약 새로운 남자친구를 만난다면 어떠한 방법으로 만나기를 원하십니까?
① 평소 지인 ② 소개팅 혹은 미팅 ③ 길거리 헌팅
④ 수업을 통한 자연스런 만남 ⑤ 기타 활동을 통한 자연스런 만남

3. 만약 새로운 남자친구를 만난다면 가장 선호하는 나이대는?
① 연상 ② 연하 ③ 동갑

4. 평소 선호하는 남성상은?
① 매너 있고 자상한 남자 ② 나쁜 남자 ③ 애교 많은 남자

5. 평소 선호하는 남성의 패션 스타일은?
① 정장 ② 세미정장 ③ 캐주얼 ④ 힙합 ⑤ 트레이닝복

6. 만약 새로운 남자친구를 만난다면 어떤 전공의 남자를 원하십니까?
① 이공계열 ② 법대 ③ 경제, 경영 ④ 인문, 사회 ⑤ 체대

7. 귀하가 가장 선호하는 데이트 코스는 무엇입니까?
① 영화, 연극 등 문화생활 ② 맛집 찾아다니기 ③ 카페
④ 등산, 운동 등 야외활동 ⑤ 공원 및 놀이공원

8. 학교 내 혹은 주변 카페 중 어떤 곳을 가장 선호하십니까?
① 스타벅스 ② 할리스 ③ 탐앤탐스 ④ 기타(개인 카페)

9. 귀하가 선호하는 영화 장르는?
① 멜로 ② 로맨틱 코미디 ③ 액션 및 SF ④ 공포 및 스릴러 ⑤ 코미디

설문에 응해주셔서 감사합니다.

　

복사한 30여 장의 설문지 중 한 장에만 조그맣게 점을 찍어두었다. 혜경 양의 모든 것을 이야기해줄 소중한 용지다. 오전 내내 연습한 밑장빼기 덕분에 성공적으로 설문지를 전달할 수 있었다.

대학생의 이성교제 (분석표)

본 설문은 심리학 수업 과제로, 여대생의 연애 및 문화생활에 관한 것입니다. 본 설문은 익명으로 진행되며, 순수하게 과제 수행 및 통계 학술 연구로만 쓰일 것을 약속드립니다. 성실하게 답하시고 제출해주시면 감사하겠습니다.

– 시작부터 거짓말이다. 순수하게 과제를 수행하는 것은 맞지만 '통계 학술 연구'는 전혀 아니다.

1. 귀하는 현재 남자친구가 있으십니까?
☐ 네   ☑ 아니오

– 노골적인 핵심 질문이다. 그녀는 '아니오'를 선택했다. 앗싸!

1–1) 있다면 사귄 기간은?
☐ 3개월 미만   ☐ 6개월 미만   ☐ 1년 미만   ☐ 1년 이상

– 없다는데 뭘.

1–2) 없다면 솔로로 지낸 기간은?
☐ 3개월 미만   ☐ 6개월 미만   ☑ 1년 미만   ☐ 1년 이상

– 1년 미만이라는 그녀의 답을 통해서 그녀의 외로움, 허전함, 적적함 등을 예견할 수 있다.

2. 만약 새로운 남자친구를 만난다면 어떠한 방법으로 만나기를 원하십니까?
☐ 평소 지인   ☐ 소개팅 혹은 미팅   ☐ 길거리 헌팅
☑ 수업을 통한 자연스런 만남   ☐ 기타 활동을 통한 자연스런 만남

– '수업을 통한 자연스런 만남'을 선택한 그녀! 뭔가 일이 순조로울 듯하다.

3. 만약 새로운 남자친구를 만난다면 가장 선호하는 나이대는?

□ 연상   □ 연하   ☑ 동갑

- '동갑'을 선택하였지만 사실 연애할 때 나이는 큰 장애가 되지 않는다.

4. 평소 선호하는 남성상은?

☑ 매너 있고 자상한 남자   □ 나쁜 남자   □ 애교 많은 남자

- 매너와 자상은 연애를 시작하는 남자들에게는 기본이다. 이것은 어렵지 않
다! 만약 그녀가 '나쁜 남자'를 선택했다면 더 재밌어졌을 수도 있었을 텐데.

5. 평소 선호하는 남성의 패션스타일은?

□ 정장   □ 세미정장   ☑ 캐주얼   □ 힙합   □ 트레이닝복

- 역시 그녀는 무난한 성향, 그다지 어렵지 않은 스타일이다.

6. 만약 새로운 남자친구를 만난다면 어떤 전공의 남자를 원하십니까?

□ 이공계열   □ 법대   ☑ 경제, 경영   ☑ 인문, 사회   □ 체대

- 체대생인 의뢰인 입장에서는 다소 난감한 선택이지만 그녀를 눈멀게만 만
들 수 있다면 전공은 아무 문제가 되지 않는다. "지금은 체대를 다니고 있는데
요, 복수로 경영을 전공하고 있어요"라며 돌려 말해도 된다.

7. 귀하가 가장 선호하는 데이트 코스는 무엇입니까?

□ 영화, 연극 등 문화생활   ☑ 맛집 찾아다니기   □ 카페
□ 등산, 운동 등 야외활동   □ 공원 및 놀이공원

- 맛있는 것 먹으러 다니다가 맛있는 술도 한잔 할 수 있을 거고, 그러다 보면
깜빡하고 막차를 놓칠 수도 있지 않을까?

8. 학교 내 혹은 주변 카페 중 어떤 곳을 가장 선호하십니까?
□ 스타벅스 □ 할리스 □ 탐앤탐스 ☑ 기타 (   )
– 나름 앳지 있는 선택이다. 된장녀 스타일은 아닌 듯하다.

9. 귀하가 선호하는 영화 장르는?
□ 멜로 ☑ 로맨틱 코미디 □ 액션 및 SF □ 공포 및 스릴러
□ 코미디
– 최근 개봉한 영화 중에 로맨틱하며 코믹한 게 뭐였더라?

설문에 응해주셔서 감사합니다.
– 개인 정보를 자세히 말씀해주셔서 감사합니다.

작업을 위한 기본정보 입수가 완료되었다. 이제 창주 군을 캐주얼을 즐겨 입으며 학교 주변의 개인 카페를 찾아다니는 매너 있고 자상한 남자로 만들어서 학기가 끝나기 전에(아니다! 발표를 해야 하니 이번 주 중에) 그녀와 자연스럽게 만나게 한 후, 맛집에 들러 밥을 먹고 로맨틱하며 코믹한 영화를 보러 가게 만드는 일만 남았다. 치졸하지만 낭만적인 계략이 완성되었다!

뜨거운 여름의 수업을 막 끝낸 혜경 양은 편안한 마음으로 교실을 나와 걸어가고 있다. 뒤따라 적당한 간격을 두고 창주 군이 걸어간다. 여기서 적당한 간격이란 혜경 양이 창주 군을 의식하지 못할 거리를

말한다. 그리고 준비한 시나리오를 시작한다.

한 명의 조원이 갑자기 혜경 양 옆을 급히 뛰어 지나가고 바로 이어서 또 다른 조원이 뭔가 긴급한 상황인 듯 "거기서!"라고 외치며 혜경 양을 살짝 밀치며 뛰어간다. 그 다급한 순간! 창주 군은 적당한 거리를 깨고 혜경 양 옆에 바싹 붙어서 그녀를 보호하기 위해 어깨를 감싸며 말한다.

"괜찮으세요?"

첫 번째 설문이 실현되는 순간이다. 수업을 통해서 자연스럽게(사실은 억지스럽게) 누군가가 다가온 것이다! 여기서부터는 창주 군의 개인기가 필요하다. 최대한 자연스럽게 첫 인사를 나누고 적당한 장소로 그녀를 데리고 가야 하는 것이다. 벤치에 앉아서 상황을 지켜보던 조원들은 작전의 성공적인 시작을 기뻐하며 다음 작전을 실행하기 위해 움직였다.

조장은 창주 군에게 문자로 지령을 내린다. "'커피 한잔 하실래요? 제가 자주 가는 카페가 후문 옆에 있는데'라고 하시오."

그녀의 오케이 사인을 확인한 조원들은 사력을 다해 뛰기 시작한다. 그들보다 최대한 일찍 카페에 도착하기 위해서다. 헐레벌떡 카페에 도착한 그들은 구석에 자리를 잡고 직원에게 부탁을 한다.

"조금 있으면 남녀 커플 하나가 여기 도착할 텐데 그들이 주문하러 오면 이벤트에 당첨됐다며 이 영화표를 전해주시겠습니까?"

미리 준비해둔 로맨틱 코미디 영화표를 자연스러우면서 운명적으로 건네줄 방법을 찾은 것이다.

잠시 후, 커피를 주문하려다 영화표를 건네받은 혜경 양은 놀라운 행운에 함박웃음을 지었고 창주 군은 작전이 착착 진행된다는 흐뭇함에 음흉한 미소를 지었다. 영화를 보기 전에 식사를 하기로 했다. 장소는 조원의 후배가 아르바이트를 하는 식당이다. 매너 있는 창주 군을 보여줄 순서이기 때문이다. 선배의 사주를 받은 아르바이트생은 식탁을 닦는 척하면서 물컵을 창주 군의 바지에 사정없이 엎어버린다. 하지만 창주 군은 당황하지 않고(당황할 리가 있나!) 의연하게, 오히려 알바생을 배려하며 매너란 무엇인가를 보여준다.

매너를 보여줬으니 다음은 그녀의 이야기를 귀담아 들어주는 일이 남았다. 그런데 긴장과 리액션에 대한 강박이 너무 강한 탓이었는지 그녀의 말 한마디 한마디에 너무 과하게 머리를 흔들어댔다. 마치 힙합 마니아 같았다.

이 정도면 그녀가 그려왔던 이상적인 상황과 이상적인 사람이 되어가고 있다. 이쯤에서 그녀의 무의식 속에 운명이라는 단어를 각인시켜줄 필요가 있다. 혜경 양의 친구가 출동할 차례다. 우연히 그 옆을 지나가다가 혜경 양을 발견한 친구는 그녀의 근황을 물어보며 매우 반갑게 인사를 한다. 그리고 짜놓은 각본대로 창주 군을 처음 보는 사람인 척한다. 매우 디테일한 연기가 필요한 순간이다. 어색한 척 창주 군에게 인사를 건넨 조원은 혜경 양에게 물어본다.

"남자친구니?"

이것이 바로 임팩트다! 혜경 양은 손사례를 치며 아니라고 말하지만 이미 그녀의 얼굴엔 함박웃음이 가득했고 그녀의 무의식 속에 '남자친구'와 '창주 군'이 동시에 각인된다.

창주 군의 행복한 우연과 운명을 만들어가는 동안 나머지 조원들은 사실 더위와 배고픔에 생고생 중이었다. 그림자처럼 따라다니고 있지만 절대 나서서는 안 되며, 돌발상황에 대비해 긴장하고 있어야 했기 때문이다. 사랑에 빠진 사람은 행복한 순간이겠지만 나머지 조원들에게는 거의 형벌에 가까운 하루였다. 그들이 포기하지 않고 열정을 쏟아 부은 것은 결코 학점 때문이 아니었다. 상황 자체에 감정이입이 되어버린 것이다.

인위적인 조작이 사랑의 순수함을 훼손하는 것은 아닌지 의문을 갖는 사람도 있을 것이다. 하지만 돌아보자. 내가 사랑에 빠졌을 때 과연 그 모습이 진짜 내 모습이었는지, 그리고 내가 사랑했던 그의 모습이 진짜 그 사람이었는지. 사랑에 빠진 모든 인간은 그 사랑에서 빠져 나오는 순간까지 끊임없이 스스로를 조작하여 상대방과 자신에게 판타지를 심어준다.

연애는 조작되기 때문에 아름답다.

함께 살면
뭐가 좋죠?

융합과 복합에는
희생이 필요하다

어린 시절 열심히 봤던 TV 애니메이션 중에 〈아이젠버그〉라는 게 있었다. 그림과 실사가 섞여 있어 신기했던 만화다. 주인공은 영희와 철이였는데, 나쁜 놈들이 공격해오면 둘은 멋있는 비행선을 타고 출동한다. 늘 그렇듯 그들의 방어력보다는 나쁜 놈들의 공격력이 우위에 있었다. 위기에 처한 영희와 철이는 "영희, 철이 크로스!"라고 외치며 둘의 팔을 교차한다. 그러면 영희는 기계 속으로 들어가서 반짝이는 형태로 변하고 조종석에는 철이만 남는다. 타고 있던 멋진 비행선은 더욱 멋있게 업그레이드되고 어지간한 놈들은 다 물리쳐버린다. 문제는 가끔 어지간한 놈 이상이 나타난다는 것이다. 고군분투하는 철이에게 영희는 텔레파시로 이야기한다.

"최후의 방법을 사용해, 철아!"

철이는 "그걸 사용해서 30초가 지나면 네가 너무 위험해져!"라며 아주 난감해한다. 그러면 영희는 "난 괜찮아! 우리의 지구를 지키기 위해서는 이 방법밖에 없어!"라며 철이를 다그친다. 영희의 말에 용기를 얻은 철이는 굳은 결심을 하고는 반짝이는 영희의 형상 속으로 뛰어든다(나이 들어 그 장면을 다시 떠올릴 때는 왠지 좀 야하다는 생각이 들기도).

영희에게 뛰어든 철이, 그다음 순간 엄청난 에너지가 발생하며 그들과 그들이 타고 있던 비행선은 거대한 로봇으로 변신한다. 그리고 30초 뒤에는 나쁜 놈들도 끝장나고 만화도 끝이 난다.

흥미로웠던 유년의 기억 중 한 조각이지만 최근 융합과 복합이라는 단어를 만날 때마다 이 장면이 생각난다. '크로스'를 외치며 팔을 교차하는 것이 소통이라면 영희의 몸속으로 뛰어들어 진정으로 하나가 되었을 때 완전히 새로운 로봇으로 재탄생되는 것은 융합과 복합이다. 그런데 진정으로 하나가 된다는 것은 무엇을 의미할까?

인간은 홀로 태어난다. 하지만 주위 사람들을 의지하고 서로 도우면 식량을 더 쉽게 많이 획득할 수 있으며 두려움을 이길 수 있고 심지어는 외로움도 극복할 수 있다는 사실을 알게 된다. 그렇게 효율성을 위해 함께 살아가며, 각자의 잠재능력을 최대치로 키워간다. 또한 소통하고 협력하면서 놀라운 문명을 만들어냈다. 하지만 인간은 그 이상의 발전을 원했기에 소통을 넘어 융합과 복합을 꿈꾼다.

소통은 연애와 같다. 소통하면 즐겁고 행복하다. 사랑에 빠진 연인들을 보면 그들의 표정, 행동 하나하나에 행복과 기쁨이 넘쳐난다. 세포 하나하나가 분홍빛으로 물들어 있는 것 같다.

오해가 이해로 바뀔 수 있고, 설령 이해하지 못한다 해도 있는 그대로를 받아들일 수 있는 아량이 넓어져서 톨레랑스tolerance 같은 것도 실현된다. 하지만 융합과 복합으로 넘어가면 상황이 달라진다. 있는 그대로를 받아들이는 것을 넘어서 진정으로 하나가 되어야 하기 때문이다.

융합과 복합은 결혼과 같다. 소통이 가능한 연인들이 그 이상을 실현하기 위해 결혼을 결심한다. 그런데 결혼은 상상했던 것과 다른 양상으로 진행된다. 행복을 지속하기 위해, 아니 영원히 행복하기 위해 결혼하지만 결혼 준비 단계에서부터 납득할 수 없는 일이 벌어진다.

숨어 있던 비열함이 발견되고 숨겨두었던 비루함이 적나라하게 드러난다.

융합과 복합이 힘들고 어려운 이유는 바로 이 때문이다. 들춰내기 싫어서 묻어두고 덮어두었던 모든 것을 직시해야 한다. 작은 것 하나라도 덮어두고서는 결코 하나가 될 수 없기 때문이다.

**융합과 복합은
이해와 배려가 아니라
희생이 필요하다**

사회의 많은 곳에서 융합과 복합을 시도하고 있다. 특히 대학에서는 비슷한 성격의 학문뿐 아니라 이질적인 학문도 섞어서 하나로 만들어보려고 노력한다. 하지만 쉽지가 않다. 그런 시도 끝에 결코 양보할 수 없는 학문의 마지노선이 있기 때문이라고 하지만, 사실은 자존심 때문이다.

융합과 복합은 이해와 배려가 아니라 희생이 필요하다. 어머니, 아버지, 자녀가 자신을 조금씩 희생할 때 인간과 인간의 관계가 아닌 '가족'이라는 다른 차원이 생겨난다. 가족이라는 세계에서 개개인의 욕망은 실현되기 어렵다. 어쩌면 실현돼서는 안 되는 것일 수도 있다. 아이들은 부모의 욕망을 실현해주는 존재가 아니며, 부모 또한 자녀의 욕망을 채워주는 존재가 아니기 때문이다.

각자 나름의 꿈과 이상을 실현하기 위해 노력하지만, 진정한 가족은 구성원들을 위해 개인의 꿈과 이상을 조금씩 양보하고 심지어는 기꺼이 희생도 한다. 그로 인해 우리는 개인의 욕망실현을 통한 성취감과는 완전히 다른 차원의 에너지를 얻을 수 있다. 그 어떤 고통과 고난도 이겨낼 수 있는 신비한 힘, 바로 희망과 행복이다.

희생의 결과물은 참으로 경이롭다. 융합과 복합의 예로 많이 언급되는 스마트폰을 보자. 이 물건의 정체는 대체 뭘까? 전화기? 사진기? TV? 오디오? 컴퓨터? '폰'이라는 단어가 붙은 것을 보면 전화 기능이 핵심가치인 것 같지만 우리는 전화기가 진화해서 스마트폰이 된 것은 아니라는 걸 분명히 알고 있다.

각각 진화하고 있던 전화, 사진기, TV, 오디오, 컴퓨터 등이 서로의 정체성을 희생하여 하나가 된 것이다. 그로 인해 새로운 차원의 소통 공간이 만들어지고 무한의 시장이 형성되었으며 기상천외한 돈벌이가 가능해졌다. 창의력, 소통, 융합, 복합 등의 단어는 파랑새와 같다. 아득한 것 같지만 사실은 우리 곁에 있다.

'나'의 탄생은 부모님의 소통에서 시작되어 융합과 복합에 의해 가능해졌고, 나 역시 누군가와 소통하고 융합하면 새로운 생명을 탄생시킬 것이다. 굳이 가족을 만드는 생물학적 합체가 아니더라도 나를 희생할 만큼 사랑하는 무엇인가를 만날 수 있다면, 적어도 내가 살아온 삶의 궤적만이 옳다는 고집만 부리지 않는다면, 우리는 정말 다양하고 놀라운 차원의 삶을 경험할 수 있을 것이다.

서로에게 녹아들어라

학생들에게 융합과 복합의 순간을 경험하게 하기 위해 나는 그들의 소통을 돕는다. 조 편성을 하고 나면 조별 과제 중 하나로 '단합회'를 지시한다. 밥을 먹든 술을 마시든 여행을 가든 단합회를 진행하고 결과물로 인증샷을 내라고 요구한다. 강제적이고 의무적인 행사지만 그래도 많은 학생들이 그 시간을 통해 최소한 이전보다는 서로 친해진다. 그 증거는 수업시간이 어수선해진 것을 통해 확인할 수 있다. 잡담은 서로 친숙해졌다는 증거다. 어색한 사이에서는 불가능하다.

잡담한다는 건 소통하기 시작했다는 것이니 그다음 단계인 성취감 공유의 단계로 넘어간다. '패러디 사진 찍기' 혹은 '만우절 미션' 등의 쓸데없는(?) 행위를 하는 동안 우여곡절을 함께 겪으며 그들은 성취감을 느낀다. 그다음은 서로에게 마음을 열고 최종 단계인 융합과 복합으로 넘어가야 하는데 그게 쉽지가 않다. 'A⁺ 학점'이라는 공통의 목표가 진정한 융합과 복합을 방해하기 때문이다. 융합과 복합을 통해서 새로운 차원과 개념이 만들어져야 하는데 그들의 목표는 너무나 명확하다.

공통된 하나의 목표(혹은 공공의 적)가 있으면 쉽게 하나가 될 수 있지만, 그 목표를 이루고 나면 조직의 수명도 다한다. 융합과 복합의 최종목표는 목표지점에 도착하는 것이 아니라 예상치 못한 그 '무엇'

을 도출해내는 것이다.

'학점'이라는 공통의 목표는 그들
을 하나로 만들어주기는 한다. 하지
만 목표지향적인 '합리적 계산'은 진
정한 융합과 복합을 통해 만들어지는
미지의 에너지를 예측 불가능한 위험요소
로 간주하기도 한다. 그들은 각자 꿈꾸거나 경험
한 길을 통해 A$^+$로 가기를 원한다. 그리고 그 길을 서로에게 강요한
다. 그러고는 적당한 합의점을 찾는다. 누구 하나 희생하지 않아도 되
며 상처입지 않는 안전한 길을. 학점에 연연하지 않고 자신을 던질 수
있는 용기가 있다면 학점 그 이상의 것을 경험하고 얻을 수 있지만 그
것이 가치를 발현하는 데에는 많은 시간이 걸린다는 것을 잘 알기에
그 전철을 밟지 않는 것이다.

살아가면서 강요되지 않은 선택의 순간을 만나기를, 그리고 강력한
사랑과 조우하기를. 그래서 그 앞에서 자신의 무력함을 깨닫고 희생
의 숭고함을 통해 서로에게 녹아들 수 있기를.

무더운 여름 완전히 녹아버린 쌍쌍바는 더 이상 자신의 형태를 고
집하지 않는다. 그리고 다시 얼면 누구도 예상할 수 없는 상상을 초월
하는 형상으로 변한다.

우리
함께할 수 있을까?

진심이 통하면 태산도
움직일 수 있다

참, 내 맘 같지 않네~

2005년 10월 17일, 놀라운 뉴스 기사가 떴다. 지하철 5호천 천호역에서 어떤 할아버지가 열차와 승강장 사이에 떨어진 것이다. 끼여버린 할아버지의 몸은 빠지지 않았고 전철은 움직일 수가 없었다. 전철 안의 승객들은 할아버지에 대한 안타까움으로 조마조마하고 급한 일이 있는 승객들은 발을 동동 굴렀을 것이다.

출구가 안 보이는 갑갑한 시간. 그런데 그때 누군가가 열차를 옆으로 밀기 시작했다. 육중한 열차는 당연히 꼼짝도 하지 않았다. 계란으로 바위 치는 격이었다. 안 될 걸 알지만 지푸라기라도 잡아보자는 마음으로 열차를 밀기 시작하자 옆에 있던 사람들도 하나둘 동참했다. 그 마음은 삽시간에 전 열차로 전달되었고 모든 승객들이 열차에서 나와 함께 밀기 시작했다. 그러자 기적이 일어났다. 육중한 열차가 살짝 들리면서 공간이 생겼고 그 틈으로 떨어진 할아버지를 구출해낼 수 있었다.

놀라운 순간이고 감동적인 소식이었다. 모두의 마음이 같아야만 가능한 일이다. 할아버지를 측은히 여기는 사람도 있었겠지만 누군가는 부주의한 할아버지를 원망도 했을 것이다. 무엇이 그들의 마음을 하나로 만들었을까?

우선 크게 두 가지 이유를 생각해볼 수 있다. 첫 번째는 생명의 존엄을 인정하는 우리의 마음이다. 아무리 자본의 논리에 의해 움직이는 개인적인 세상이라지만, 그 무엇보다도 존엄한 한 생명을 그냥 무시할 수 없는 마음이다. 하지만 이 마음을 모든 사람이 공유했다고 확신할 수는 없다.

두 번째는 승객들이 모두 같은 방향을 향하고 있었다는 것이다. 안타깝지만 바쁘고, 애석하지만 조급하고, 측은하지만 짜증나는 다양한 감정을 느끼는 승객들의 유일한 공통점이다. 한 정거장을 더 가든 열 정거장을 더 가든 그들은 같은 방향을 향하고 있었다. 인류애의 본능과 방향에 대한 간절함은 할아버지를 구하는 데 망설이지 않고 힘을 보태게 하는 결정적 역할을 했다.

우리의 삶에는 나름의 방식이 있고 각자의 방향이 있다. 그 다양한 방식과 방향을 하나로 만드는 일을 정치라고 한다. 뉴스를 통해 워낙 좋지 않은 이미지만을 봐서인지 정치라고 하면 권모술수와 같은 비열한 느낌을 지우기 힘든 것이 사실이다. 하지만 정치는 근본적으로 다양한 가치관과 방향을 조정하고 조절하는 데 그 존재의 이유가 있다.

야심 있는 정치가는 외부의 적을 만들어낸다. 그리하여 내부의 결속을 다지고 개인의 고민과 애환을 거대한 이슈 속으로 빨아들인다. 히틀러가 유태인들을 학살할 때 독일인들은 어떤 마음이었을까? 그리고 그 주변의 유럽인들은 어떤 생각을 가지고 살았을까? 인간이 해서는 안 되는 짓임을 분명하고 명확하게 알고는 있었겠지만 생과 사를 넘나드는 전쟁이라는 특수한 상황은 우리 스스로 인간의 존엄을 포기하게 만들어버린다. 그 뒤에는 오로지 광기의 리더가 제시하는 방향만이 남는다. 살아남기 위해 생각을 버리고 그 방향만을 향해 나아가야 하는 것이다.

참으로 일사불란한 모습임에는 분명하다. 그리고 리더의 입장에서 보면 위대한 업적을 남기기에 이보다 더 좋을 수 없는 환경이다. 하지만 이러한 방향은 광기의 순간이 그치고 나면 더 많은 혼란과 상처를 남긴다. 순간의 고통과 아픔을 잊게 하는 마약과도 같은 방법인 것이다.

우리에게는 건강한 방향이 필요하다. 비전이라고 말해도 좋다. 비전이 제시될 때 우리는 상충하는 이해와 개개인의 욕구와 욕망을 잠시 접고 같은 방향으로 힘을 보낼 수 있다.

이러한 비전을 학점, 인센티브, 보너스 등으로 포장하면 곤란하다. 이런 것을 비전으로 제시하는 리더는 눈속임을 하고 있을 가능성이

농후하다. 당근과 채찍만을 사용하는 마부 같은 리더는 팀원들을 소모품으로 인식할 가능성이 많다. 마부는 말에게 그들의 목적지가 어디인지, 왜 가야 하는지 굳이 말해줄 필요가 없기 때문이다.

진정한 비전은 마음에서 나온다. 내가 당신을 진정으로 사랑하고 있으며 그곳으로 함께 가고 싶다는 진심이 바로 비전이다. 누군가의 헌신은 다음을 위한 계산이 아니며, 또 누군가가 그 헌신을 먹고 튀더라도 용서할 수 있는 용기가 있어야 한다.

지하철에 끼인 할아버지를 원망하지 않고, 다른 사람들이 나와 함께 전철을 밀지 않는다고 원망하지 않으며, 묵묵히 할아버지를 구하기 위해 온 마음과 힘을 다해 전철을 미는 것. 그것이 바로 비전을 이끌어내는 마음이다. 그 땀의 진심이 전달될 때 사람들은 자연스럽게 싸구려 계산을 집어치우고 전철을 밀기 위해 달라붙는다.

최고의 팀워크를 위한 필요충분조건

배가 고파도 자기 몫의 음식을 나눠줄 수 있는 유일한 동물이 인간이지만 배가 불러 터지려고 해도 긁어모아 쌓아두는 것이 인간이기도 하다. 미래를 준비하긴 해야 하지만, 그것이 강박으로 우리를 옥죄고 있는 것도 사실이다.

학생들은 누구나 성적을 잘 받고 싶어한다. 하지만 최근 대학은 상대평가를 주로 하고 있다. 모두가 좋은 성적을 받기란 불가능하다. 그래서 같은 팀의 학생들까지도 견제의 대상이 되어버리곤 한다.

개미처럼 스펙을 쌓아두려 혈안이 된 학생들에게 발표수업은 참 성가시다. 좋은 팀을 만들어야 하는데 모두 제각각의 생각과 이상을 가지고 있기 때문이다. 내 맘 같지 않은 사람들과 좋은 발표(A⁺를 받을 수 있는)를 하려면 나뿐 아니라 팀원들의 능력과 성향이 중요하다.

대체적으로 팀워크가 좋은 학생들은 발표도 잘하고 기말고사 성적도 좋다. 이는 팀원들의 모임과 유대가 발표에서 끝나지 않고 기말까지 연결되기 때문이다. 함께 토론하고 함께 공부할 때 개개인의 빈 곳을 채울 수 있고 이는 좋은 결과로 이어진다.

결론은 '좋은 조원들을 만나면 다 된다!'인데 좋은 사람 만나기가 어디 그리 쉬운가? 절대 만나고 싶지 않은 조원도 있기 마련이다.

졸업을 위해 학점만 채우면 되는 취업준비생_ 이들은 면접을 다니느라 학교에 잘 나오지 않는다. 졸업학점만 채우면 되는 경우엔 발표에 대한 열정이 없을뿐더러 나이 많은 선배일 때는 싫은 소리 하기도 쉽지 않다.

생각 없이 대학에 온 신입생_ 책임감이 제로 상태. 설상가상으로 정체성의 혼란이라도 찾아오면 발표 당일에도 잠수를 타버릴 수 있다.

만난 지 100일이 채 안 된 커플, 혹은 둘 중의 하나_ 조별 모임을 하면서도 끊임없이 서로의 사랑을 확인하려 한다. 남친(혹은 여친)의 이성 조원들을 잠정적 라이벌 혹은 바람의 대상으로 인식하기 때문에 늘 지나친 관심으로 관리하고 감독하려 한다. 발표 전날, 아니 발표 당일이라도 100일 이벤트를 하기 위해 자리를 박차고 연인에게 달려가는 모습은 낭만적이기는 하나 다른 팀원들에게는 지옥 같은 상황이다.

그 외에도 냄새 나는 사람, 분위기 파악 못하는 사람, 형이상학적인 이상을 가진 조장, 대안 없이 반대만 하는 사람 등 다양한 사람들이 다양한 이유로 팀에 고춧가루를 뿌려댄다. 그렇다면 함께하고 싶은 조원은 어떤 학생들일까?

1학년 때 방황을 끝낸 복학생 2~3학년이 최적이다. 그들은 말아먹었던 과거의 학점을 만회하기 위해 무슨 짓이든 할 수 있고, 또 해야만 하기 때문이다.

언론고시, 특히 아나운서 시험 준비생_ 대환영이다. 취업준비로 바빠서 발표 준비에 참여하지 않아도 상관없다. 그들은 발표 당일에 발표만 해주면 된다. 신뢰를 주는 말투와 정확한 발음, 준수한 외모와 깔끔한 옷차림은 발표자로서 최적의 조건이다.

파워포인트나 동영상을 잘 만드는 학생_ 아무리 좋은 주제와 소재를 준비했다 해도 보이는 영상물이 허접하면 전달력이 확 떨어진다. 컴퓨터를 잘 다루는 능력은 옛날에 연애편지를 대필해주던 사람처럼 고마운 존재다. 더구나 선곡과 편집, 그리고 자막처리는 몇날 밤을 새워야 하는 중노동이기 때문에 능력자들은 늘 존경과 착취의 대상이다.

분위기 메이커_ 열띤 토론을 하다 자칫 분위기가 서늘해졌을 때, 적절한 유머와 멘트로 분위기를 전환해주는 사람. 그냥 예쁜 사람이기만 해도 된다.

어떻게 하면 이렇게 좋은 사람들을 만나서 드림팀을 만들어 환상의 발표를 할 수 있을까? 최고의 팀을 만들기 어려운 이유는 최고의 조원을 만나려 하기 때문이다. 준비된 사람들끼리 만난다면야 더할 나위 없이 좋지만 사람은 겪어봐야 알 수 있고 위기를 함께 만나봐야 진짜 능력을 확인할 수 있다.

유일하며 틀림없는 방법은 스스로가 최고의 조원이 되는 것이다. 비록 가진 능력이 일천하다 해도 부족한 것을 채우려는 열정이 있고 모임을 위해 아르바이트 시간을 조절하고 소개팅을 미룰 수만 있다면 충분히 훌륭한 조원이 될 수 있다.

실패는 누구의 잘못?

　강의실에 들어서는 순간 범상치 않은 기운이 느껴졌다. 조명의 절반이 꺼져 있고 교단 옆에는 대형 스피커가 놓여 있었다. 뭔가 일체감이 느껴지는 복장의 학생들이 몹시도 분주하다. 발표할 팀이 준비를 해둔 모양인데 준비 상태를 보면 그 팀의 결과를 예측할 수 있다. 이 정도면 완전 대박의 느낌이다. 출석도 어둠 속에서 불렀다. 왠지 그래야 할 것 같았다.

　다섯 명의 조원들이 머리에 수건을 두르고 타이트한 운동복에, 금방이라도 흘러내릴 것 같은 일명 '똥싼바지'를 입고 목에 치렁치렁 금목걸이를 거는 등 TV에서나 봄직한 힙합 차림새로 등장했다. 역시 치밀하고 디테일한 준비였다. 발표자가 랩으로 조원들을 소개하기 시작했다.

우여곡절 끝에 만난 우리는 사조우〜

가진 가식 총동원해 인사하고 친해졌죠우〜

공통점을 찾아

하나의 목표를 찾아

우리는 모든 것을

다 털었지만

찾아낸 건

한양대 다닌다는 거,

그냥 사람이라는 거,

아무 공통점이 없다는 거!

그래도 포기할 수 없기에

포기하면 학점도 날아가기에

마지막 발악으로

공통적으로

싫어하는 것으로

드디어 찾아낸 건

힙합이라는 거

모두가 힙합을 싫어한다는 거~

공통적으로 좋아하는 게 아니라 공통적으로 싫어하는 것을 겨우 찾아낸 그들은 미지의 분야인 힙합에 도전하기로 의기투합하였다. 한 달여 동안 힙합에 대해 조사하고 힙합 동아리의 도움을 받고 실제 힙합 뮤지션들을 찾아 작곡도 배우고 이태원을 돌아다니며 블링블링한 힙합 코스튬도 완성할 수 있었다. 그간의 준비로 힙합전사가 된 그들은 그냥 네 번째 4조가 아니라 '죽음의 4조'가 되었다며 자신들을 소개했다.

힙합의 유래와 4대 요소 등을 소개하고 마지막으로는 자신들이 직접 만든 곡으로 공연을 준비했다.

힙합의 유래

70년대 미국 슬럼가 흑인들의 저항정신과 관련이 있다. 엉덩이 hip과 흔들다 hop의 합성어이며 사회풍자와 흑인 특유의 리듬감각이 만나서 만들어진 문화이다.

힙합의 4대요소

1. B-boy_ 동작이 크고 화려하며 처음 보면 춤이라기보다 묘기에 가깝게 느껴진다. 댄스 배틀도 이루어지며 고수일수록 온몸에 각종 질병이 붙어 다닌다.

2. 그래피티_ 길거리 담벼락에 스프레이로 낙서하는 문화이다.

3. DJ_ 턴테이블 위의 음반을 손으로 돌리면서 "삐직 삐직" 등의 소리를 만들어내거나 같은 구간을 반복해서 평범한 음악을 비범한 음악으로 만들어내는 기술이다.

4. MC_ 마이크를 잡고 랩을 하는 것이다.

자세하게 파고 들어가려면 논문을 써야 할 정도로 광대한 문화지만 중요한 것은 이론이 아니라 실제 그들의 경험이 녹아든 공연이었다.

공연을 위해서 특별히 렌트한 거대한 스피커가 소개되고 그 스피커에 연결된 네 개의 마이크를 한 명씩 들고 거칠고 장엄한 표정으로 무대(교단) 위에 웅크리고 앉았다. 미리 녹음해둔 연주CD를 컴퓨터에 넣고 플레이를 누르자 교실은 클럽으로 변하였다.

묵직하고 신나는 비트에 몸과 머리를 흔들던 팀원들은 드디어 소리지르며 박차고 올랐고 그들의 함성과 노래 소리는 거대한 스피커와 마이크의 간섭현상으로 인해 엄청난 하울링을 만들어냈다. 관중들은 고통스럽게 귀를 막았고 그들은 공연을 중단해야만 했다.

처참한 실패였다. 모든 준비가 완벽했지만 강의실에서 최종 리허설을 못한 것이 실패의 원인이었다. 그들은 다른 조들을 공포에 떨게 하는 '죽음의 4조'가 아니라 그냥 '죽은 4조'가 되어버렸다.

안타까웠다. 발표를 실패함으로 좋은 학점을 못 받게 된 것도 안타까웠지만 그보다 낯선 사람들과 공통점을 찾기 위해 서로를 알아가고 함께 새로운 영역에 도전하며 느낀 행복을 전달할 수 없었기 때문이다. 수업을 마쳤지만 망연자실한 그들은 교실을 떠나지 못했다. '스피커에 욕심을 부리지만 않았어도'라며 조장은 자책했다. 캔 맥주를 사서 한 개씩 건네는 것 외에 내가 해줄 수 있는 게 없었다.

'최선을 다했으면 됐습니다. 힘내세요. 중요한 건 과정이지 결과가 아닙니다' 같은 입에 발린 말조차 못했다. 차가운 맥주가 미지근해져 갈 때쯤 팀의 막내가 내게 물었다.

"한 번 더 기회를 주시면 안 될까요?"

애절하고 간절한 마음이었을 것이다. 한 번 더 기회를 준다면 그들은 아주 잘해낼 수 있을 것이다. 하지만 형평성 문제도 있고 바로 다음 시간이 기말고사였기에 더 이상의 시간을 낼 수 없었다. 그들은 다시 도전하지 못하고 기말고사를 치렀다.

시험을 치르고 시험지를 제출한 조장이 주섬주섬 무언가를 내게 전했다. CD였다. 표지에 '죽음의 4조'라고 적혀 있는. 모든 것을 포기하고 집으로 향하던 그들은 그렇게 허무하게 끝낼 수는 없다며 다시 모여 그들의 노래를 불렀다. 그리고 그것을 녹음하여 CD를 만든 것이다. 그들의 간절함과 염원이 담긴 노래.

누구나 실패는 두렵다. 하지만 그것이 무서워서 실패하지 않는 길만을 찾아다니거나 아예 도전조차 하지 않는다면 우리는 진짜 성공을 맛볼 수 없을 것이다. 실패를 맛본 영혼만이 진짜 살아 있음을 느낄 수 있다.

최소한 '죽음의 4조' 팀원들은 알게 되었을 것이다. 결정적인 순간까지 긴장의 끈을 놓지 않아야 한다는 것을! 성공이 눈앞에 보이더라도 자만하지 않아야 하는 이유를! 변수는 늘 우리의 예상을 넘어서 존재한다는 것을!

최악의 상황에서도 최고가 될 수 있다

근호 군이 한 학기 동안 준비한 과제를 발표할 차례다. 굵은 뿔테안경 너머로 굳은 의지가 엿보인다. 조금은 떨리지만 담담한 목소리로 준비한 이야기를 시작한다.

온갖 화려한 수사와 장식, 그리고 현란한 애니메이션 기법까지 동원되었던 다른 발표와 달리 그의 발표는 그냥 하얀 기본화면에 바탕체로 적힌 검은 글자뿐이었다. 뭔가 상대적으로 누추해 보였지만 담백한 느낌이 들었고 그로 인해 주제에 집중이 되는 묘한 매력이 있었다.

내용은 군대를 다녀온 후 복학하고 열심히 학교생활을 하려 했던 본인과 우여곡절 속에 함께해야 했던 조원들의 사연이었다. 팀은 졸업연주를 준비하고 있는 국악과 4학년 여학생 두 명, 뒤늦게 취업준비를 하느라 정신없는 5학년 선배, 첫사랑에 빠져버린 2학년 밴드 동아리 리드싱어, 형이상학적 이상을 가지고 있는 조장, 그리고 학점과 이성교제에 목말라 있는 본인으로 구성되었다.

발표 주제와 형식은 모두 자유이기에 학생들은 자율적으로 '꺼리'를 찾아내야 하고 최적의 형식을 찾아 만들어가야 한다. 주어진 길, 누군가 정해놓은 길을 이행하며 사는 데 익숙해진 학생들에게 자유와 자율은 굉장히 낯설고 힘겹게 느껴진다.

주제도 틀도 없는 발표. 방법은 어렵지 않다. 각자의 이야기를 꺼내고 그중에서 공감할 수 있는 이야기를 확대해서 사람들에게 전달하면 된다. 독특한 주제여도 좋고 평범한 이야기도 상관없다. 사람들이 환호하고 공감하는 것은 진실한 이야기, 즉 진정성이기 때문이다.

비슷한 전공과 비슷한 성향을 가진 사람들로 구성된 팀보다는 다채로운 사람이 모인 팀에서 더 많은 이야기가 나올 수 있을 것이다. 근호 군의 조는 음악, 건축, 공학 등 다양한 분야에 속한 사람들이 모였다는 점에서 거의 드림팀 수준이었다.

'유달리 단합이 안 되었던 나의 4조'라는 심상치 않은 제목과 함께 근호 군은 담담히 자신의 이야기를 시작했다. 화면에 군 입대 전, 자신의 성적표를 공개했다. 1학년 평점 1.7, 2학년 1학기 평점 2.3……. 제대 후 그는 날려버렸던 학점을 회복하기 위해 숨 가쁘게 학점 사냥을 하며 살아가고 있었다. 다음 학기 수강신청 준비를 하던 근호 군은 '유쾌한 이노베이션'이라는 수업을 알게 되었고 '수업시간이 즐겁기도 하고 공대수업과는 달리 여학생들도 있다!'는 이야기를 듣고 학점과 여친, 두 마리 토끼를 잡기 위해 과감히 수강신청을 했다.

조 편성을 하고 보니 문제가 보였다. 여섯 명 중에 네 명의 조원이 졸업예정자라는 것인데, 이는 조 발표와 학점에 목을 매야 하는 사람은 자신과 2학년생 둘뿐이라는 이야기이기 때문이다. 다행히 두 명의 여학생이 국악과라서 최악의 경우 소개팅이라도 건질 수 있을 것이라는 희망이 유일한 위안이었다.

그들은 좀처럼 모임을 할 수가 없었다. 살길을 찾기 위해 면접을 보러 다녔고 졸업하기 위해 연습을 하러 다녔다. 동병상련의 고통을 나누고 서로 의지할 수 있는 유일한 2학년 학생마저 사랑에 빠져 아예 학교엘 오지 않았다.

조장을 붙잡고 "우리 뭔가 해야 하지 않나요?"라고 물어보면 조장은 "그렇죠. 우선 조원들의 의견을 수렴해봅시다" 하는데, 조원을 만날 수가 있어야 뭐라도 수렴이 될 게 아닌가! 결국 오프라인에서의 만남을 포기하고 온라인에서의 모임을 도모하였다. 인터넷으로 클럽을 만들고 조원들에게 공지를 했지만 다녀간 사람들의 흔적은 늘 조장과 근호 군 둘뿐이었다.

첫 번째 팀 미션 – 만우절 즐기기

팀워크를 다지고 상식의 경계를 인식하기 위한 과제인 만우절 미션을 수행하기 위해 그들은 첫 모임을 가졌다. 그 자리에서 국악과 여학생들이 '후배들을 야단치다가 마지막에 만우절 이벤트였다고 밝히면 어떻겠냐'고 제안을 했다. 조원들은 만장일치 대찬성을 하였다. 과제도 과제였지만 여학생들이 득실대는 곳에 간다는 것만으로도 이미 충분히 행복했기 때문이다. 그런데 4월 1일 당일, 국악과 학생들과의 연락이 두절되었다.

그들에겐 대안이 없었고 과제도 날아가고 국악과 여학생들을 볼 기회마저 사라졌음에 망연자실할 수밖에 없었다. 다른 모든 조들이 행했던 만우절 미션을 손가락만 빨고 봐야 했던 날, 그들은 놀라운 경험을 했다. 자신들의 만우절 미션이 영상으로 제출된 것이었다.

영문도 모른 채 선배에게 후배 여학생들이 야단을 맞고 있다. 야단 맞느라 주눅이 든 여학생 무리에게 선배는 최후의 한마디를 한다. "만우절이라 쇼 한번 해봤다! 얘들아 미안해!"라고. 생소한 국악과 여학생들과 만우절의 반전에 황당해하는 후배들의 모습이 담긴 영상은 꽤 뜨거운 반응을 일으켰다.

조원들조차 전혀 몰랐다는 것이 문제였지만 그들만 입 다물면 다른 팀과 선생님은 전혀 알 수 없는 일이라 문제가 되지 않을 상황이었다. 그들은 입을 다물 수밖에 없었다. 그리고 그때부터 팀워크는 급격히 붕괴되기 시작했다. 여학생들은 그것으로 자신들의 임무를 완수했다고 생각하고 졸업연주 연습에만 매진했고 조장은 뭔가 비밀을 간직하고 은폐하려 하였고(영상의 촬영과 편집에 조장이 깊이 관여되어 있었다) 나머지 세 명은 닭 쫓던 개가 되었다.

그리고 대망의 진짜 발표를 준비하기 위해서 조원들을 소집했다. '준비하기 위해서'라기보다 발표가 당장 내일이라 어쩔 수 없이 모여야 했던 상황이었다. 발표 전날 연락이 가능한 사람은 근호 군과 조장과 졸업에 목매고 있는 5학년 상근이 형, 단 세 명! 믿었던 2학년 남학생은 학교에 나오지를 않았다. 밤새 토론하였지만 결론을 내리지 못했다. "그래서 그게 무슨 의미죠?"라고 물어대는 이상주의자 조장과 소통할 수 없어서였다. 형이상학적 의지를 가졌지만 대안이 없는 리더는 구성원들을 지옥으로 인도한다.

새벽 2시. 그들은 소위 멘붕의 상태를 맞이한다. 잠시 후 먼동이 터 오면 발표를 해야 한다. 하지만 아직도 뭘 해야 할지 소재도 주제도 아무것도 잡히는 것 없이 눈만 벌겋게 충혈이 되어가고 있다. 그리고 드디어 그들은 의견을 모았다. 발표 주제를 '위대한 패배자들'로 하기로. 그들은 이미 자신들의 패배를 직감했던 것이다. 다만 패배를 미화하기 위해 앞에 '위대한'이라는 단어를 넣었을 뿐이다. 그리고 자신들의 패배를 아름답게 미화시켜줄 인물을 찾아 헤매기 시작했다. 하지만 그들의 난관은 거기서 그치지 않았다. 소재가 통일되지 않았다. 각자 하고 싶은 것을 고집했고, 결국 그들은 각자의 소재를 찾은 뒤 가장 괜찮은 것으로 발표하기로 했다.

조장의 선택 – 체게바라

역시 조장다운 선택이었다. 뭔가 커다란 의미를 지닌 위대한 인물을 택했고 체게바라의 일대기를 다룬 영화를 편집하여 그의 패배가 위대했음을 설파하고자 하였으나 영상은 지루하기 짝이 없었고, 내용도 급하게 편집하느라 스토리가 갑자기 뚝 끊어졌다. 그러다가 '위대한 패배자!'라는 글자가 생뚱맞게 등장했다. 그러더니 바로 이어 '유쾌한 이노베이션'이라는 내가 사랑하는 강좌 제목이 등장해 왠지 수업마저도 패배의 한 축을 담당하는 것 같은 느낌을 주었다.

성근이 형의 선택 – 베지터

'베지터'라는 단어를 보는 순간 '이건 제대로 방향을 잡았구나' 하는 생각이 들었다. 90년대 초반 선풍적인 인기를 끌었던 일본만화 〈드래곤볼〉 속의 영원한 2인자 베지터! 손오공을 이기기 위해 끊임없이 스스로를 연단했지만 끝내 주인공을 넘어설 수 없었던 캐릭터. 늘 패배하였지만 포기하지 않고 끝까지 도전하였고 사실 주인공 손오공도 그 덕분에 성장을 지속할 수가 있었다. 불굴의 도전정신을 지닌 베지터를 잘만 조명하면 위대한 패배자의 아이콘으로 만들어낼 수도 있었는데, 성근이 형은 날만 새우고 아무것도 하지 않았다.

근호 군의 선택 – 로빈 후드

현대인들은 무언가를 찾기 위해서 인터넷 검색창을 이용한다. 근호 군도 열심히 로빈 후드를 검색했다. 로빈 후드를 검색하고 관련 단어를 찾아 또 검색을 거듭해 새벽 4시경 로빈 후드란 '후드티를 입은 로버트'를 일컫는 말이라 '로빈홋'이 아니라 '로빈 후드'라고 쓰는 것이 맞다는 사실만을 알아냈다. 아무리 고민해도 왜 로빈 후드가 패배자인지 연관성을 찾아내지 못했고, 그의 PPT 자료에는 허무한 검색의 과정만 담겨 있었다.

결국, 주제와 소재가 통일되지 못하였고 성근이 형이 아무것도 하지 않았기에 그들은 발표를 할 수 없는 상황이라는 결론에 도달했다. 발표 당일 그들의 조장은 발표를 한 주 미뤄달라고 부탁하였다. 아무것도 안 해서가 아니라 외장하드를 잃어버렸기 때문이라고 이유를 댔다. 깜빡하고 숙제를 집에 두고 왔다는 초딩스러운 변명이었지만 그들의 눈빛에서 말하지 못할 애절한 비밀과 학점에 대한 간절함이 엿보였다. 그래서 쿨하게 속아주며 그러라고 했다. 그들은 일주일의 시간을 얻었지만, 의미 없는 시간일 뿐이었다. 애초 그들에게 필요한 것은 시간이 아니었기 때문이다.

다시 발표 전날이 찾아왔지만 그들은 만나지 않았고 아무것도 준비하지 못했다. 또 학점을 구멍낼 수 없다는 간절한 마음의 근호 군은 무엇인가를 해보려고 늦은 밤 홀로 고군분투하기 시작했다. 그러던 새벽 1시, 조장에게서 전화가 왔다.

"저기 근호 씨 이런 건 어떨까요?"

하늘에 닿을 듯한 조장에 대한 분노와 짜증을 누르고 눌러 겨우겨우 고독한 발표 준비를 하던 근호 군은 하던 일마저 집어던졌다. 조장의 전화는 근호 군에게 멘탈 폭발의 기폭제였다. 다시 발표 당일, 조장은 외장하드를 찾긴 찾았는데 충격을 받아서 자료가 날아갔다며 복구하는 데 일주일 정도의 시간이 소요될 것 같다고 말했다.

뻔한 거짓말이었지만 아무것도 묻지 않고 기다려줘야 한다고 생각했다. 상처에 딱지가 앉고 치유될 시간이 필요한 것처럼 일주일이라는 마지막 기회를 통해 그들의 문제가 해결되고 상처 입은 마음이 치유되기를 희망했다.

다시 얻은 일주일. 하지만 그들에게 절실한 것은 시간이 아니라 서로에 대한 마음이었고 팀워크였다. 그리고 결전의 날, 근호 군이 발표자로 나섰고 담담히 자신들의 이야기를 시작했다. 왜 발표를 두 번이나 미루었고 조별 발표를 망칠 수밖에 없었는가에 대한 이야기였다. 조원들과 조장에 대한 원망 이전에 팀을 위해서 불평 외에는 아무것도 하지 않았던 자신을 반성하고 벼랑 끝에 선 듯한 심정을 담담히 이야기하는 동안, 놀라운 일이 일어났다. 학생들이 그의 이야기에 빠져들고 있는 것이었다. 근호 군의 이야기에 함께 웃고 함께 분노하고 함께 슬퍼했다.

우리 마음을 움직이고 치유하는 것은 도드라지지 않는 사람들의 소소한 진심과 진실이다.

좋은 발표는 공감을 통해서 대중의 마음을 장악한다. 근호 군과 그들의 실패 이야기는 팀플을 하는 동안 대부분이 경험하는 문제이다. 아무런 연관 없는 사람들이 모여 공

동의 목표를 이루려면 짧은 시간에 마음을 나누고 그 마음을 하나로 모아야 한다. 그러려면 누군가의 희생과 납득할 만한 카리스마가 필요하다. 그렇지 못하면 '발표 때까지만 참는다'며 아픔과 상처를 학기 말까지 덮어두어야 한다. 이런 경험이 있었다면 누구나 100퍼센트 근호 군의 이야기에 공감할 수밖에 없다.

근호 군은 최악의 상황으로 최고의 공감을 이끌어냈다. 많은 발표자들이 적절한 배경음악, 놀라운 편집기술, 감성적인 사진과 영상을 이용해 공감을 이끌어내려 했지만 가장 큰 울림과 떨림은 '진심'에 있음이 분명하다.

실패와 좌절에 굴복하지 않고 꿋꿋이 견뎌 성공을 일구어낸 스펙터클한 이야기는 경외감을 이끌어내지만, 결국 우리 마음을 움직이고 치유하는 것은 상처를 부여잡고 하루하루를 견뎌내는 도드라지지 않는 사람들의 소소한 진심과 진실이다.

나에게 하는 질문들

본의 아니게 강의하며 살아가고 있는 것으로 알고 있다.
강의를 통해서 보람을 느낄 때는 언제인가?

보람은 잘 모르겠고 《드래곤 볼》의 손오공이 원기옥을 받는 것 같은
느낌이 들 때가 있다. 학생들이 수긍의 눈빛을 보내며 고개를 끄덕여
줄 때다. 강의를 듣는 학생들이 리액션을 해준다는 것은 소통에 성공
했기에 가능하다고 생각한다.

소통에 성공하는 순간이란
새로움이 전달되었을 때를 말하는가?

꼭 그렇지 않다. 우리가 공감하는 상황은 완전히 새로운 것을 접할
때가 아니다. 새로움은 낯설어서 그때 느끼는 감정은 두려움 쪽에 가
깝다. 공감은 이미 알고 있던 것, 혹은 느끼고 있었던 감정이 겹쳐질
때 나타난다. 학생들과 소통했던 그 순간, 나는 누구나 아는 이야기를
뻔뻔하게 하고 있었다.

'Fun Fun'이 아니라 '뻔뻔'인 것인가?

둘 다이다. 펀펀하기 위해서는 뻔뻔하게 이야기할 수 있어야 한다. 수줍어하거나 주눅이 들면 정확하게도 즐겁게도 이야기할 수 없다. 아! 파렴치한 것과 혼동해서는 곤란하다. 여기서의 '뻔뻔'은 무언가를 자신 있게 하자는 이야기이다.

이 책도 뻔뻔한가?

나는 이 책을 통해 독자들과 공감할 수 있기를 희망한다. 다시 말하자면 이 책 속에서 독자들이 익히 알고 있는 이야기들을 만나기를 희망한다. 새로움을 전달해야 하는 책이 다 아는 이야기를 하겠다고 하고 있으니 내가 생각해도 참 '뻔뻔한 책'임이 분명하다.

아는 이야기, 혹은 익숙한 이야기를 만나는 것이
창의적인 생각과 어떤 관계가 있는가?

자극을 통해서 다시 의식하게 되는 것이다. 우리는 이미 무수히 많은 자료들을 접했고 그것들은 무의식 속에 침전되어 있다. 침전이 오래 지속되면 퇴적되어 굳어버린다. 허무하지 않은가? 나의 삶이 퇴적암이 되어버린다는 것이…….
무의식을 자극하는 것은 창의유전자를 깨우는 중요한 일이다.

창의력이 절실히 요구되는 시대라고 한다.
이 시대가 요구하는 창의력은 무엇일까?

어느 시대인들 창의력이 필요 없었던 적이 있었던가! 질문을 바꿔보자 "무엇을 위한 창의력일까?"로 바꿔서 생각해 본다면 결론은 '행복'이다. 행복해지기 위해서는 뻔뻔하고 Fun Fun해져야 한다. 내가 즐거워져야 공동체도 즐거워질 수 있다. 또한 공동체가 행복하면 나 역시 행복해진다.

공동체와 상관없이 나 홀로 행복해지면 안 되나?

행복해져도 된다. 다만 개인의 행복은 한계가 있다. 기본적인 욕구가 충족된 뒤 개인의 행복은 자칫 쾌락으로 흘러들어갈 수 있다. 쾌락도 행복이라면 행복이지만 쾌락은 일종의 자극과 같아서 더 강한 자극을 찾게 되고 결국엔 공허와 허무에 도달하기 쉽다. 만약 공동체의 행복으로 눈을 돌릴 수 있다면 나로 인해 즐거워하고 기뻐하는 사람들을 만날 수 있으며 그들이 주는 기쁨은 쾌락과는 차원이 다른 행복을 누리게 해준다.

스스로를 '마더 테레사' 쯤으로 생각하는가?

헐 …

설마 그럴 거라 생각하는가? 절대 그럴 수 없다. 아직 공동체에 대한 정의도 잘 모르겠다. 현재 나의 공동체는 내가 내 것을 양보할 수 있는 집단 정도이다. 더 살다가 생각이 바뀌면 또 바뀐 대로 살아야 한다. 규정짓는 순간 우리는 갇혀버린다.

즐겁고 행복한 것과 창의력은 어떤 관계가 있는가?

창의의 적은 두려움이다. 즐겁고 행복한 사람들과 함께 있다면 두렵지 않다. 한 걸음 더 나아갈 수가 있다. 이렇게 내딛는 한 걸음 속에 우리가 그토록 원하는 창의력이 발현되는 것이다.

즐겁고 행복한데 창의적인 생각이 나지 않는다면 어떻게 할 것인가?

즐겁고 행복한데 왜 창의력이 필요한 것일까? 가끔, 즐겁게 살고 있지만 스스로를 창의적이지 않다고 생각하는 사람들을 만난다. 그들은 이미 창의적으로 삶을 살고 있다. 다만, 인류에 공헌하지 못해서 미안해하고 있는 것이다. 최선을 다해 살다보면 인류에 공헌하는 삶이 허락될 수도 있겠지만 개인적으로는 인류에 민폐는 끼치지 말자라고 생각하며 산다.

본의 아니게 교육자의 길을 걷고 있다.
나름 교육철학이 있다면?

본의 아니게 라는 말이 거슬린다^^. 본의가 아니었던 것은 사실이지만 시간이 흐르면서 사명감 같은 것이 생기고 있다. 내게 있어서 교육은 콩나물시루에 물을 붓는 것이다. 물은 콩나물에 머물지 않고 밑으로 다 새어나가 버린다. 몹시 허무하지만 재미있는 것은 그래야 콩나물이 자란다. 지식을 전달하고 주입하려 든다면 콩나물을 키울 수 없다. 밑으로 새는 물을 견딜 수 없기 때문이다. 콩나물이 물을 온통 머금고 있다면 결국 불어서 썩어버릴 것이다. 기다림을 가지고 하루하루 물을 부어야 된다. 건강한 유기농 콩나물을 원한다면 깨끗이 정수된 물을 주기 위해 노력하면 된다. 교육자는 깨끗한 물을 만드는 정수기와 같다고 생각한다.

창의유전자라는 것이 있다고 생각하는가?

분명히 있다. 아니, 그것은 누구에게나 있는 우리의 본능이다. 갓난아이들을 보라! 세상에서 가장 연약한 그들이지만 게으름과 두려움이라곤 찾아볼 수 없다. 게으름과 두려움을 걷어낸다면 우리는 아이처럼 모든 것을 궁금해하고 모든 것에 달려들게 된다.
물론, 게으름과 두려움이 쉽게 걷어낼 수 있는 것들이 아니다. 그래서 우리는 연합하고 연대해서 살아야 하는 것이다.

이 순간 생각나는 사람들이 있는가?

시상식인가? 감사한 사람들 이름 불러주는?

어떤 사람들이 당신의 삶을 채워왔는지 궁금해서 그렇다.

꼭 사람이어야만 하나?

사물이어도 괜찮으니까 빨리 하라!

부모님, 김병철 부장님, 형수님, 정원이, 묵감님들, 핑크찰리를 알고 있는 사람들, 길인섭, 김근호, 창욱이, 동일교회, 다대기, 배드신, 네이버, 다음, 구글 등등 너무 많지만 다 이야기할 순 없고…….

이미 다 얘기하고 있다!

최근 삶을 가득 채우고 있는 사람들은 하영과 하은, 그리고 원희 씨다.

에필로그

정효찬의
뻔뻔한 생각책

초판 1쇄 발행 2015년 3월 20일
개정판 1쇄 발행 2023년 6월 30일

지은이 정효찬
펴낸이 이범상
펴낸곳 (주)비전비엔피 · 비전코리아

기획 편집 이경원 차재호 정락정 김승희 김연희 박성아 김태은 신은정 박승연 박다정
디자인 최원영 허정수 이설
마케팅 이성호 이병준
전자책 김성화 김희정
관리 이다정

주소 121-894 서울특별시 마포구 잔다리로7길 12 (서교동)
전화 02) 338-2411 | **팩스** 02) 338-2413
홈페이지 www.visionbp.co.kr
인스타그램 www.instagram.com/visionbnp
포스트 post.naver.com/visioncorea
이메일 visioncorea@naver.com
원고투고 editor@visionbp.co.kr

등록번호 제313-2007-000012호

ISBN 978-89-6322-212-7 03320

도서에 대한 소식과 콘텐츠를
받아보고 싶으신가요?

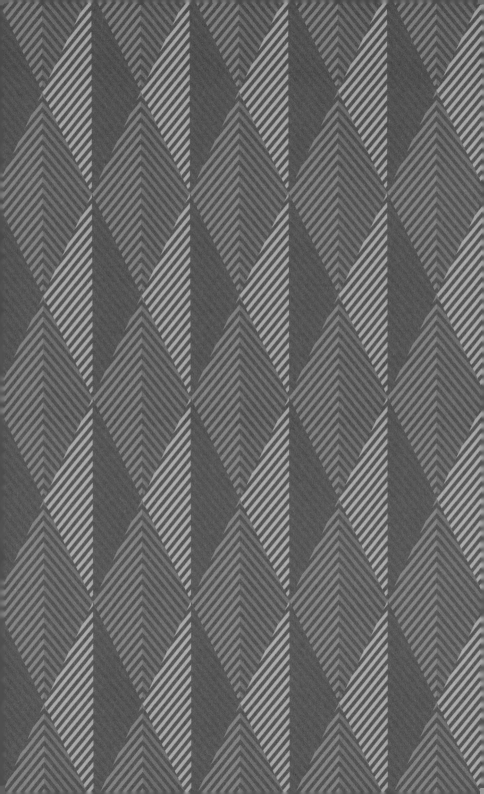

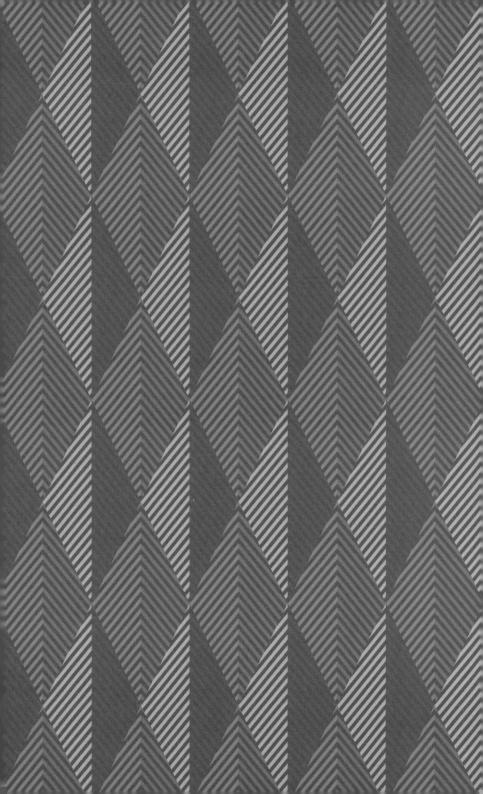

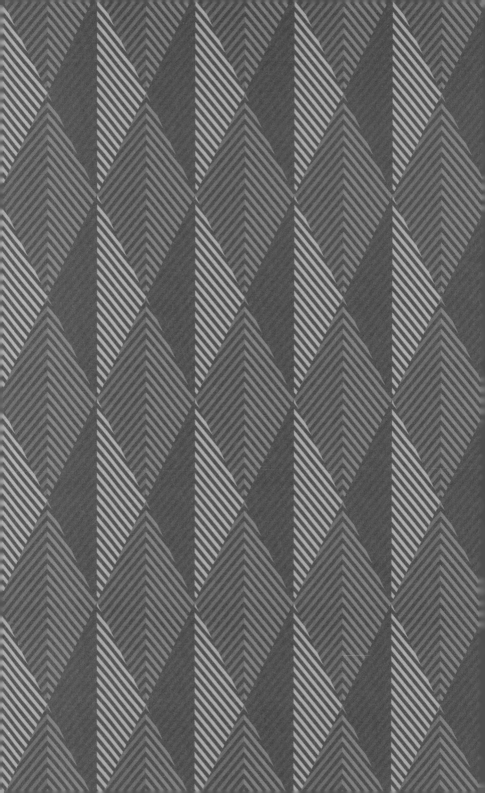